濱田孝一

失敗しない選び方

家族のための高齢者住宅・老人ホーム基礎講座

花伝社

家族のための高齢者住宅・老人ホーム基礎講座——失敗しない選び方◆目　次

第二部 高齢者住宅選び 実務編

第三章 高齢者住宅選びの基本 116

第四章 入居者・家族の状況を把握する …… 137

第五章 高齢者住宅の中身を比較・検討・チェックする …… 153

はじめに　～本書の特徴～

人は誰でも高齢期になると、加齢や疾病により身体機能は低下し、日常生活に何らかの支援、介護が必要になります。

二〇年前、私が介護の仕事を始めた頃は、まだ「親の介護は家族の仕事」「老人ホームに入るのはかわいそうな人」という社会的な風潮が根強く残っていました。入所者が亡くなられた時も、「お通夜や葬儀には来ないで」「長期入院していたことにする」と言われたものです。

介護保険のスタートを契機に、この一五年で、高齢者介護に対する理解、社会的な認識が大きく変化してきたことを感じます。

しかし、それでも、介護は本人だけでなく家族の大問題であることは変わりません。

家族が仲良くいられるために必要なこと

家族だけで介護が難しいと言われる最大の理由は、要介護期間の長期化です。

要介護期間が三年以上続く人は半数、一〇年を超える人も六人に一人に上ります。子育てと違い加齢によって要介護状態は重度化していきますし、そのゴールは見えません。

介護は愛情云々だけで語ることはできません。金銭面や体力面、複数の介助者など、よほどの環境が整っていない限り、家族だけで長期間に渡って介護し続けることは難しいのが現実です。

同時に、感情的になりやすい問題でもあります。

「他の兄弟は何もしない……」「なんで、俺だけ、私だけ……」

「いつまでこんな状態が……」「夫の親を介護しているのに、自分の親は……」

笑顔で介護を頑張ろうと思っていても、小さな言葉のやりとりから気持ちの行き違いが生まれてきます。疲労、不満、不安が積み重なり、「しっかりしてよ‼」「同じことを何回言わせるのよ‼」と傷つく言葉を投げつけてしまう。そんな自分が嫌になり、更に落ち込んで、涙を流している家族介助者をたくさん見てきました。

家族だからこそ

娘や息子による高齢者虐待のニュースをよく耳にします。「自分の親なのになんてひどいことを……」という声も聞かれます。

しかし、実際に介護の現場で仕事をしていると、「家族だから…… 〝つらい〟」というケースが大半です。

親の介護で仕事を辞めた、離婚したという話はめずらしいものではありません。介助者がうつ病になった、更には介護殺人、介護心中などという悲惨なニュースも増えています。それは一歩間違えば、誰にでも起こりうることです。また、そこまで深刻な事態にならなくても、「親が亡くなって、心のどこかでホッとした」というのはあまりにも悲しいことです。

「住み慣れた家で生活したい」「できるだけ自宅で介護してあげたい」と考えるのは当然のことです。しかし、それで家族の間で不和となったり、介助者が病気になってしまうようでは、「介護が原因で不幸になった」という結果しか生み出しません。

「家族がいるなら、家族が介護した方が良い」「できるだけ自宅で介護した方が良い」と言い切るのは間違いです。老人ホームや高齢者住宅に入居し、日々の生活支援や介護は、プロのスタッフに任せた方が、高齢者にとって快適、安心なだけでなく、いつまでも優しい家族でいられる、良い関係でいられるというケースは多いのです。

高齢者住宅のイメージは間違いだらけ

しかし、いざ探し始めると、「特養ホームは五二万人待ち」というところからスタートします。有料老人ホームは入居一時金が数千万円、それでも途中で倒産して行き場がない、老人ホーム内での虐待発覚などという悲惨なニュースも目につきます。

とりあえずパンフレットを集めようと思っても、「有料老人ホーム」「サービス付き高齢者向け住宅（サ高住）」「ケアハウス」「グループホーム」など高齢者施設、高齢者住宅はさまざまな制度に分かれています。更に、「ケアホーム」「グループハウス」「シルバーマンション」など制度なのか事業名称なのかわからないものもあります。

どこでも、「介護が必要になっても安心」とアピールしています。「その違いがよくわからない」「どのような基準で選べば良いのかわからない」と頭を抱えるのは無理のないことです。

ただ、それは勉強不足、理解不足というだけではありません。

現在の高齢者住宅の制度は、「有料老人ホーム」と「サービス付き高齢者向け住宅（サ高住）」の二つに分かれています。以前は「高齢者専用賃貸住宅（高専賃）」「高齢者円滑入居賃貸住宅（高円賃）」がありました。それぞれの制度や基準の違いを示すことはできますが、その違いを理解しても、高齢者住宅選びにはほとんど役に立ちません。

これはマスコミにも責任があります。

新聞やニュースの中で、「介護施設」という言葉をよく耳にします。

しかし、そのような用語はありません。「施設から住宅へ」という議論を聞いていても、何が施設で何が住宅なのか、話をしている人によってその中身はバラバラです。特養ホームと有料老人ホームも「高い、安い」というだけで、その役割の違いは説明されません。また、「有料老人ホームは二五万円程度で、サ高住は一五万円前後」と報道していますが、常識的に考えて、制度名称が変わるだけで、一〇万円も価格が変わるはずがありません。

高齢者住宅に関するセミナーや講演をしていると、高齢者やその家族の持っているイメージの多くが間違っていることに気づきます。

それが高齢者住宅選びを難しくしている最大の理由です。

優良な高齢者住宅は、超高齢社会を迎えるにあたって不可欠なのですが、老後の住まいを選ぶために必要な情報は、まだほとんど行き渡っていないのです。

泣きながら生活する入居者・家族

この混乱は、高齢者住宅の玉石混淆につながっています。

有料老人ホームやサ高住に入居したけれど、「パンフレットの金額と一〇万円以上違う」「スタッフの言葉遣いがひどく聞いていられない」「事業者の経営が悪化し、値上げを要求された」などのトラブルが激増しています。国民生活センターでも、「高齢者住宅でのトラブル相談は突出している」と警告を発しています。

しかし、一旦入居すると、気にいらないからと簡単に転居できるわけではありません。

現在、全国の高齢者住宅で、介護スタッフによる酷い暴言や暴行、殺人ではないかと疑うような虐待事件が次々と報道されています。ただ、それが明らかになっても、その高齢者住宅で生活している他の入居者が退居したという話は聞こえてきません。劣悪なサービスだとわかっていても、特養ホームにも入れず、自宅にも戻れないために、他に行くところがないからです。

実際、高齢者住宅に入居させたことを後悔している家族も少なくありません。

「安心・快適」と聞かされて有料老人ホームに入居したけれど、快活だった母親が部屋でいつもポツンと一人でさびしそうにしている。訪問するたびに、「帰りたい、帰りたい」「孤独死の方がマシだ」と泣かれる。それでも連れて帰ることができないので、何とか説得をするものの、情けなくて、申し訳なくて、いつも帰りの車の中で涙が溢れた。亡くなってから数年経った今でも、母親に対する申し訳なさや後悔が消えないといいます。

「介護が安心」とは正反対の杜撰な手抜き介護も次々と報告されています。

ある日突然、入院したとの報を受けて行ってみると、自宅にいる時にはなかった酷い褥瘡《じょくそう》（床ずれ）。腰には背骨が見えるほどの大きな穴が空いており、数日後に感染症で死亡。寝たきり、寝かせきりで、まったく適切な介護、看護が行われていない証拠です。遠方に住んでいるために、仕事の忙しさにかまけて、「プロにお任せしておけば大丈夫だろう」「連絡がないから元気にやっているだろう」と、なかなか訪問できなかった。深い後悔とともに、別人のように痩せ衰えた顔が浮かぶと言います。

もちろん、優良なサービスを提供し、入居者、家族の満足度の高い高齢者住宅はたくさんあります。しかし、その反面、「高齢者住宅は儲かる」とサービスの質もサービス管理のノウハウもないまま、参入している素人事業者が激増しています。政策の失敗による入居者保護施策の混乱も相まって、ひどい玉石混淆の状態にあるのです。

これらの現状を踏まえ、本書は、これからの高齢者住宅を選ぶ入居者、家族を対象とした実務書として、以下の五点に力を入れています。

①自宅での介護に不安を抱える家族を対象

高齢者住宅選びは、大きく二つのケースに分かれます。「自立度の高い高齢者が入居する高齢者住宅を、本人が探している」「要介護状態の高齢者が入居する高齢者住宅を、家族が探している」

本書は、主に後者の「介護が必要な高齢者の家族」を対象としたものです。家族の視点から、要介護高齢者の住まいを選ぶポイントや、「介護付・住宅型」といった制度上の違い、介護システムの長所短所、また、入居後に快適に生活するための家族の役割や事業者との関係の構築について解説しています。

②高齢者住宅選びに不可欠な基礎知識を充実

高齢者住宅は、有料老人ホームの入居一時金や利用権など、他の不動産にはない独自のシステム、権利が設定されています。事業者によってそれぞれに契約内容が違うため、表面的な説明を受けただけでは、十分に理解することはできません。また、「有料老人ホームは○○だ」「サ高住は、△△だ」という制度を基準とした一面的なとらえ方、選び方は間違っています。

本書では、「施設と住宅の違い」「介護保険制度の基本」「介護体制・医療体制」「建物設備を見る視点」など、要介護高齢者を対象とした高齢者住宅を選ぶ上で必要となる基礎知識を、事例や図表を交えて、詳しく、わかりやすく解説しています。

③「見学まで」「入居まで」「入居してから」の実務を重視

介護の問題は、「脳梗塞」「転倒骨折」などが原因で、ある日突然発生することもあります。病院からの早期の退院を促され、家に帰れないとあわてて探している家族も少なくありません。だからと言って、準備をしないで見学からスタートすると、説明やセールストークを一方的に聞くだけとなります。結果、「感じが良い」「雰囲気が明るい」「建物が新しい」等の主観的なイメージだけで選ぶことになってしまいます。

本書では、事前準備のポイントから見学・契約、入居後まで、高齢者住宅選びの実務の流れに沿って、注意すべきポイント、確認すべき事項について解説しています。

④商品としての重要チェックポイントを詳解

高齢者住宅という商品は、食事・介護・生活相談等のサービスが複合的に提供されている「高齢者専用　生活支援サービス付住宅」です。これは、介護付有料老人ホーム、サービス付き高齢者向け住宅など、制度名称の違いに関わらず、同じです。

高齢者住宅選びの基本は、制度比較ではなく、商品内容、サービス内容の比較です。「介護が必要になっても安心」と標榜していても、介護サービスの手厚さ、看護サービスの内容、サービスの質、提供方法、価格設定方法はバラバラです。そのため、介護看護、生活相談、食事などサービスの数だけ、その中身を一つひとつ確認しなければなりません。

本書では、「月額費用の内容」「入居一時金」「介護体制」「経営状態」等、重要チェック項目を九段階に分けて、高齢者住宅という商品、サービスが理解できるよう詳細に解説しています。

⑤リスクやトラブルを回避する

高齢者住宅の理解に不可欠なのが、リスクやトラブルの理解です。

高齢者住宅の入居を検討する最大の理由は、介護を中心とした不安の解消です。そのニーズを取り込むために、「安心、快適」というイメージでセールスが行われています。

しかし、高齢者住宅に入れば「何があっても安心・快適」という訳ではありません。

歩行中の転倒、車いす移乗時の転落、食事中の窒息などで骨折事故や死亡事故が発生しています。他の入居者との人間関係のトラブルもあります。また、民間の住宅事業ですから、経営悪化による値上げや、突然の倒産によって、行き場を失うというケースもでてきています。「職員による窃盗や暴力、虐待」「手抜き介護で死亡」といった事件も報道されている通りです。

ただ、述べたように一旦入居してしまうと、「気に入らない」「想像と違った」と簡単に転居できるわけではありません。高齢者住宅選びは、サービス内容・価格の比較だけでなく、その事業者のリスクやトラブルの予防対策力、発生対応力を見極めることが重要です。

本書では、「リスクやトラブルの内容」「劣悪な高齢者住宅の特徴」の他、各チェック項目の中で、事業者の経験、経営ノウハウの見極め方、経営の安定度を測るポイントなどについて詳しく解説しています。

一〇年前より難しくなった高齢者住宅選び

本書は、二〇〇六年に発刊された『家族のための有料老人ホーム基礎講座』の改訂版です。

当時と比較しても、有料老人ホームだけでなくサービス付き高齢者向け住宅や無届施設など、高齢者住宅業界は、混乱、複雑化しており、その選択は、より難しくなっています。

ご好評いただいた前作に続き、全体を通してお読みいただくと、表面的、断片的な知識や単なる高齢者住宅選びのノウハウではなく、現在の高齢者住宅の情勢や課題を含めた全体像が理解できるようになっています。チェックポイントが理解できれば、事業者の資質や経営ノウハウ、劣悪な事業者の特徴も、手に取るように見えてきます。

高齢者住宅は「豊かで快適な老後を過ごす場所」であると同時に、人生最後の大きな買い物です。ですから、執筆にあたっては、「できるだけ簡単に」ではなく、「ポイントを絞って」「詳細に・

わかりやすく」「失敗しない・後悔しない」ということを主眼に置いています。

家族のために高齢者住宅を探しておられる方、そして、これから入居されるご本人の快適な生活のために、本書がお役に立てることを、心から祈っています。

二〇一五年一一月

濱田　孝一

第一部　基礎知識編

第一章 高齢者住宅の基礎を理解する

高齢者住宅は、他に類例のない非常に特殊な商品・サービスです。

ここでは、高齢者住宅と高齢者施設とは何が違うのか、高齢者住宅の商品性やサービス内容、価格設定、入居後のトラブル・リスクなど、高齢者住宅を選ぶ上において必要な基本知識について解説します。

1 高齢者住宅と高齢者施設を整理する

▼高齢者住宅と、高齢者施設の違いは、「個人の住居か否か」
▼施設と住宅、それぞれの目的や役割を理解すること

最近、「脱施設」や「施設から住宅へ」という報道やニュースが増えてきました。

しかし、その多くは言葉からくるイメージだけで、その違いを明確に整理、説明しているものは、ほとんどありません。まずは、「よくわからない」と質問の多い、現在の高齢者住宅、高齢者施設の基本的な違いや、その種類について、整理、分類します。

施設と住宅のちがい

高齢者の入所施設と呼ばれるものには、老人福祉法で規定される「老人福祉施設」と、介護保険法で規定された「介護保険施設」の二つがあります。営利目的の事業ではなく、法律上一般住居とは違う、何らかの特別な役割をもって整備されたものを指します。

特徴としては、行政が整備数を決めること、対象者を厳格に規定していること、ほぼ全国一律の利用料金で、ほぼ同一のサービスが提供されていることなどが挙げられます。その開設や運営には、都道府県による認可や指定が必要で、個人や株式会社などの一般法人は参入、運営できません。また、建設には一部補助金などの公費支出が行われていること、低所得者を対象とした利用料の減額措置が行われていることなども特徴の一つです。

これに対し、高齢者住宅は民間のマンションと同じように、営利目的で高齢者個人の住居、住まいとしてつくられたものです。

運営する事業者が対象者、サービス内容、価格を自由に設定し、個人、法人ともに開設、運営

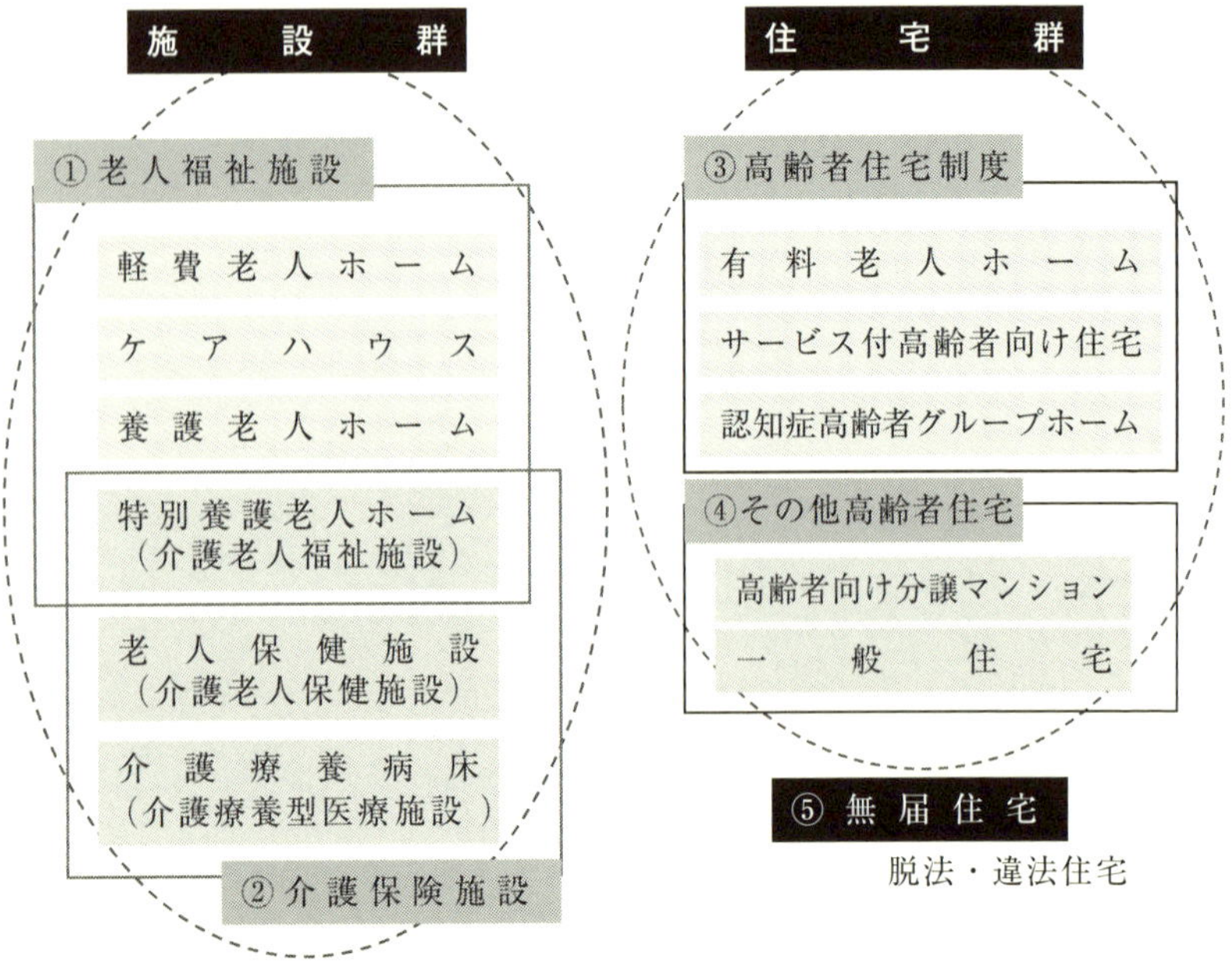

図表　高齢者住宅と高齢者施設

できます。ただし、対象が身体機能や判断力の低下した高齢者、要介護高齢者であることから、劣悪なものが増えないよう、最低基準が定められ、行政への届け出や登録が必要なものもあります。

その全体像を、施設系を二つ、住宅系を二つに分類し、整理した図が上のものです。

①老人福祉施設

老人福祉施設は、家族環境や経済的な理由から自宅での生活が困難な高齢者を対象として、セーフティネットの役割を持つ施設として設置されているものです。身体障害者療護施設や児童養護施設などとカテゴリーは同じです。その開設・運営は、市町村や特別に認可された社会福祉法人に限定されています。

要介護状態に合わせて、大きく三つの種類があります。

〔特別養護老人ホーム〕

特別養護老人ホーム（特養ホーム）は、要介護高齢者を対象とした老人福祉施設です。全国で待機者が五〇万人を超えるなど、入所が非常に難しくなっています。そのため、独居の認知症高齢者、介護虐待やネグレクトを受けている高齢者など、緊急の支援が必要な要介護高齢者のための施設という役割が強化されています。

介護保険制度以前に作られていた複数人部屋の「従来型」と呼ばれるものと、全室個室でユニット型の「ユニット型個室」と呼ばれる二つのタイプがあります。

〔養護老人ホーム〕

養護老人ホームは、精神障害など心身の状態や経済的な理由から、自宅での生活が困難となった高齢者を対象とした老人福祉施設です。特養ホームとは違い、ある程度自立して生活できることが入所条件です。ただし、介護が必要になれば、養護老人ホーム内で介護サービスを受けることができます。個室のところと、複数人部屋のところが約半々です。入所希望者は、市町村に申し込み、市町村長によってその入所の要否、入所施設が決定されます。

〔軽費老人ホーム・ケアハウス〕

軽費老人ホームは、家庭環境、住宅事情などによって、自宅で生活することが困難な高齢者が、低額な料金で入所することのできる老人福祉施設です。基本的に個室で、A型（食事付）、B型（自炊型）に分かれています。ケアハウスも軽費老人ホームの一つで、介護が必要になれば、外部の訪問介護や通所介護を受けることができます。

②介護保険施設

介護保険施設は、介護保険法にもとづいて、都道府県知事の指定を受けた要介護高齢者（要支援・自立は対象外）を対象とした施設です。これも三つの種類があります。

〔介護療養型医療施設（介護療養病床）〕

状態は安定しているものの、慢性疾患等により常時の医療ケアが必要な要介護高齢者を対象とした長期療養病床です。医療依存度の高い要介護高齢者のために介護保険制度を使って運営されている病院です。ただし、医療保険で運営される療養病床もあるため、平成二九年度末で廃止され、老人保健施設等に移行される予定です。

〔介護老人保健施設（老人保健施設）〕

病院からの退院後、ある程度、病状や状態が安定した要介護高齢者の在宅復帰を目的とした施設です。リハビリや生活相談などを中心としたサービスが行われており、病院と自宅とをつなぐ中間施設とも呼ばれています。その役割から、本来入所期間は三ヵ月〜六ヵ月程度が目安とされていますが、一部の施設では長期入所が一般化しており、特養ホームの代替施設のようになっているところもあります。

［介護老人福祉施設（特別養護老人ホーム）］

介護老人福祉施設は、特養ホームのことです。特養ホームは、老人福祉施設ですが、同時に自宅で生活できない要介護高齢者のための介護保険施設としても指定されています。

③制度に基づく高齢者住宅

高齢者住宅も、大きく二つに分かれます。

一つは、法律、制度に基づく高齢者住宅です。高齢者住宅は、一般のマンションやアパートと同じように、個人の住居、住宅です。しかし、身体機能や判断力、認知機能の低下した高齢者が対象であることから、劣悪な生活環境に置かれたり、不透明なサービスが行われたりすることがないよう、最低基準を設け、行政への届け出や登録が義務付けられています。

〔有料老人ホーム〕

有料老人ホームは、厚生労働省が管轄する「老人福祉法」に規定された高齢者住宅です。高齢者を対象として、生活相談や食事、介護などの生活支援サービスを一つでも提供する高齢者住宅は、有料老人ホームとして事前の協議、届け出が義務付けられています。その制度の目的は、入居者の保護にあり、「建物設備構造」「職員配置」「サービス内容」「管理運営」などについて基準が設けられています。適用される介護保険の類型よって、「介護付」「住宅型」に分かれてます。

〔サービス付き高齢者向け住宅〕

サービス付き高齢者向け住宅は、国交省が推進した「高齢者住まい法」によって、都道府県に登録された住宅です。専用部分の床面積が二五㎡以上（共用部に十分な広さと機能をもつ浴室や食堂等がある場合は、一八㎡以上）で、安否確認サービスや生活相談サービスを行っている高齢者住宅が登録できます。

以前は、高齢者の入居を断らない高齢者円滑入居賃貸住宅（高円賃）、高齢者のみを対象とする高齢者専用賃貸住宅（高専賃）という制度があったのですが、サービス付き高齢者向け住宅として統合されています。略してサ高住、サ付住宅と呼ばれることもあります。

〔認知症高齢者グループホーム〕

認知症グループホームは、認知症の高齢者を対象とした住宅です。

対象者が認知症高齢者に限定されていることや、設置数、定員数なども制度で定められているなど施設的な側面もあります。しかし、株式会社でも運営できることや、家賃などの価格設定はグループホーム事業者に委ねられていること、また低所得者に対する減額措置も行われていないことなどから、認知症高齢者専用の高齢者住宅と考えて良いでしょう。

④制度外の高齢者住宅

もう一つは、制度の適用除外の高齢者住宅です。

一般的に「高齢者住宅」と呼ばれているものの中にも、有料老人ホーム等の高齢者住宅の制度や基準にかからないものがあります。

〔高齢者分譲マンション〕

関西地区を中心に、高齢者を対象とした分譲マンションが増えています。

これは高齢者が生活しやすいように、マンション業者（デベロッパー）が、バリアフリー性能を強化したり、介護サービス事業者をテナントに入れるなど独自に工夫をしているものです。制度上は、一般の分譲マンションであり、高齢者以外も購入、入居できます。現在のところ、分譲形式の高齢者住宅は、生活相談や安否確認などの生活支援サービスが提供されていても、届け出や登録が義務付けられていません。

［一般の住宅］

高齢者住宅、高齢者専用の住居を謳っていても、食事、介護、生活相談などの生活支援サービスを一切行っていない場合、サ高住の登録も有料老人ホームの届け出も必要ありません。一般の賃貸住宅の扱いになります。ただし事業者、家主にとって、一般のアパートやマンションを「高齢者専用」とするメリットはないため、その大半は次の無届施設に分類されます。

⑤法律違反の高齢者住宅

述べたように、分譲形式を除き、食事や生活相談など、何らかの生活支援サービスを提供し、業として高齢者住宅を運営している事業者は、サービス付き高齢者向け住宅の登録か、有料老人ホームの届け出のどちらかが義務付けられています。

しかし、届け出や登録をすると、その基準に従わなければならないことや、行政の指導や監査が行われることから、「高齢者だけを対象としていない」「サービスは個別契約」等、あれこれと理由をつけて登録も届け出もしていない高齢者住宅があります。これを「無届施設」といいます。未届施設、類似施設などと呼ばれることもありますが、施設ではなく非合法、法律違反の高齢者住宅です。

ケアホーム、シルバーマンション、高齢者ホーム、グループハウスなど、それらしい、紛らわしい名前が付いていても、有料老人ホームの届け出がされていれば有料老人ホーム、サ高住の登録がされていればサ高住ですし、そうでなければ無届施設ということになります。

2 高齢者住宅と特養ホームの違い

▼要介護高齢者を対象とした高齢者住宅と特養ホームの違いを理解する
▼特養ホームの入居者は「要介護」だけでなく、「要福祉」が前提

高齢者施設、高齢者住宅の中で、「要介護状態になり、自宅で生活することか難しい」となった時に、多くの人がまずイメージするのが、「特別養護老人ホーム（特養ホーム）」と「介護付有料老人ホーム」でしょう。

一般的には「特養ホームは公的な施設で安い」「有料老人ホームは高い」といった価格差のイメージで語られることが多いようです。しかし、特養ホームが低価格なのは、それだけ多くの社会保障費が投入されているからにすぎません。同程度のサービスで、単純に特養ホームの方が安いと

	特別養護老人ホーム	高齢者住宅
運営主体	社会福祉法人・市町村等一部の公益法人のみで認可制	株式会社等の一般法人も可能
運営補助	税制優遇・建設補助あり	建設補助制度なし（サ高住には一部あり）
目的	社会的弱者に対する福祉事業	営利を目的とした事業
サービス内容	老人福祉法・介護保険法により厳格に規定	各ホームで自由に設計（老人福祉法、高齢者住まい法等による最低基準あり）
価　　格	老人福祉・介護保険法により規定 低所得者に対する減額制度あり	各ホームで自由に設定 低所得者に対する減額制度なし
入居基準	行政指導による入居者基準あり 重度要介護等、緊急性を要する高齢者を優先的に入居	各ホームで自由に設定

図表　特養ホームと高齢者住宅の違い

いうことになれば、誰が考えても「そっちの方が良い」もしくは、「制度として不公平だ」ということになるでしょう。

この特養ホームと介護付有料老人ホームなどの民間の高齢者住宅は制度上、サービス上何が違うのか、その違いを四つの視点から整理します。

①役割・目的の違い

高齢者住宅は、通常のアパート経営、マンション経営と同じように、営利目的の住居・住宅サービスとして建設、運営されているものです。

これに対して、老人福祉施設は、民間の高齢者住宅では対応できない、社会困窮者、社会的弱者に対する社会福祉施設として整備されたものです。憲法に定められた生存権（最低限度の生活を保障）に基づいて国や地方公共団体の責任で行われているセーフティネットを担う施設です。

②入居基準の違い

高齢者住宅の入居者選定の基準は、一般の賃貸マンションと同じように、それぞれの事業者で独自に設定できます。要介護高齢者を対象としていても、認知症高齢者はお断りというところもありますし、収入や資産の額などで対象者を限定することもできます。

これに対して、特養ホームは、制度によって明確な入所基準が示されています。厚労省は「要介護3以上」「要介護1、2の場合は、緊急性の高い高齢者に限る」という指針を出しています。更に、各自治体で「独居高齢者」「認知症が進んでいる」「家族の疲労」などポイント制にして、より緊急度の高い高齢者を優先するように指導が行われています。

もちろん、「手のかかる認知症高齢者はお断り」「低所得者は後回し」「保証人がいない場合は入所できない」といった事業所単位での独自の基準は許されていません。

③サービス内容の違い

特養ホームは、行政の定めた基準に従って開設、運営することが原則です。サービス内容についても、法律や規則で細かく規定されています。ほぼ全国一律の基準で、一律のサービスが提供されるというのが基本です。

一方の高齢者住宅は、最低基準はあるものの、建物の広さ、食事のグレード、介護の手厚さなど、ハード・ソフトの両面で自由にサービスを設計することができます。逆に、特養ホームのサービスには含まれている食事や介護を、入居者個別の選択としたり、高齢者住宅では直接行わず外部の事業者と個別に契約してもらうことも可能です。

特養ホームは、要介護高齢者が生活するために必要な建物設備・サービスを集約させたパッケージ商品であり、一方の高齢者住宅は、地域性やニーズの多様化にあわせて、さまざまな生活支援サービスを自由に組み合わせることのできる自由設計商品だと言えます。

④価格設定の違い

特養ホームと高齢者住宅の、価格（自己負担）の違いを見るポイントは二つあります。

一つは、価格の設定基準です。

特養ホームは、社会的弱者に対する福祉施設ですから、「豪華な食事を出すので食費を高く設定する」「広い居室にして居住費を高くする」ということはできません。やむを得ない場合に限り、ホテルコスト（居住費・食費）を基準額以上に設定することが認められていますが、全国ほぼ一律の価格で同一のサービスを提供するというのが基本です。

これに対して高齢者住宅は、営利目的の事業ですから、価格も事業者が自由に設定できます。二つの介護付有料老人ホームが全く同じ地域、同じ建物設備で、同じサービスを提供していても、同じ価格だとは限りません。逆に、同程度の月額費用だからと言って、同じレベルのサービスが提供されるわけではありません。

特養ホーム　負担限度額（低所得者対策）

	第一段階	第二段階	第三段階	第四段階
従来型	約 2.4万円	約 3.7万円	約 5.4万円	約 7万円〜
ユニット型個室	約 4.9万円	約 5.2万円	約 8.5万円	約 13万円〜

◆第一段階…生活保護受給者、老齢福祉年金受給者で世帯全員が市民税非課税
◆第二段階…世帯全員が市民税非課税で、かつ本人課税年金収入＋合計所得金額が 80万円以下
◆第三段階…世帯全員が市民税非課税で、かつ第二段階に非該当（所得金額が 155万円以下）
◆第四段階…第一段階・第二段階・第三段階に非該当　（減額措置なし）
又は、一定額以上（単身で 1000万円以上程度）の預貯金をもつ

図表　特養ホームの自己負担の限度額

もう一つは、低所得低資産の高齢者に対する減額措置です。

特養ホームは社会的弱者のためのセーフティネット、福祉施策として整備された施設です。「お金がない人は入れない」ということではその役割を果たせません。そのため、前年度の収入や金融資産の有無によって、第一段階から第四段階の四つに分けられており、生活保護受給者や低所得者の自己負担は小さくなっています。

これに対して、高齢者住宅は、民間の営利目的の事業ですから減額・免除の規定はありません。

以上、四つの違いを述べました。

特養ホームは、要介護高齢者の住居ではなく、基本的に社会的弱者のための施設です。特養ホームの入所者は、「要介護」だけでなく、「要福祉」であるというのが前提です。

しかし、一部では、認知症など手のかかる高齢者や低所得者を排除したり、高いホテルコストを設定して高額の余剰金（利益）を上げるなど、その本来の役割を逸脱している社会

福祉法人も増えています。

これは、制度設計や監査体制にも問題があるのですが、今後は待機者が増え、より狭き門となりますから、セーフティネットとしての公平な制度設計、運用が求められています。

3 「有料老人ホーム」と「サービス付き高齢者向け住宅」の違い

▼有料老人ホームは厚労省、サ高住は国交省の制度
▼制度の違いではなく、そこから派生する商品性の違いを理解する

高齢者住宅に関する質問で多いのが、「有料老人ホーム」と「サービス付き高齢者向け住宅」の違いです。識者と呼ばれる人の中にも「サ高住は住宅だ」「有料老人ホームは施設」だという人がいますが、その役割を考えれば、どちらも同じ民間の高齢者住宅です。有料老人ホームは厚生労働省が作った制度であり、サ高住は国交省の作った制度だというだけです。

ただ、最低基準が違うために、そこから派生して商品性にいくつか特徴がでてきています。

ここでは、制度上の違いではなく、一般的な商品性として、どのような違いがあるのかについ

	有料老人ホーム	サービス付き高齢者向け住宅
根拠法	老人福祉法	高齢者住まい法
制度の主目的	入居者保護(届け出義務)	高齢者住宅の広報(登録は任意)
居室内基準	居室の広さ 13㎡以上(居室内の設備設置基準はなし)	住戸面積 25㎡以上(18㎡以上) 住戸内に台所、便所、洗面、収納設備
共用部基準	食堂、浴室、トイレ、汚物処理室等スプリンクラー、緊急通報装置(設置運営指導指針で細かく規定)	特になし
居住権	利用権契約が一般的	賃貸借契約が一般的
介護システム	介護付有料老人ホーム(特定施設入居者生活介護の指定) 住宅型有料老人ホーム(区分支給限度額方式)	区分支給限度額方式が一般的
価格設定	入居一時金(利用料の前払いのため)の必要なところが多い	入居一時金の不要なところが多い
サービス内容	食事、生活相談、安否確認など、何らかの生活支援サービスを提供	安否確認・生活相談が必須
運営基準	設置運営標準指導指針に基づく	前払い家賃を徴収するときは保全措置 情報開示、入居者に対する事前説明 誇大広告の禁止
指導監査	設置運営標準指導指針に基づく	詳細未定

図表　有料老人ホームとサービス付き高齢者向け住宅の違い

て、ポイントを簡単に整理しておきます。

①根拠法・制度の目的

有料老人ホームは、老人福祉法に基づく、入居者保護を目的とした制度です。

そのため、新しく有料老人ホームを開設する事業者は、担当行政と何度も協議し、必要書類を添えて事前に届け出ることが義務付けられています。開設後も定期的に行政による指導監査が行われています。

これに対して、サ高住は「高齢者住まい法（高齢者の居住の安定確保に関する法律）」を基礎としています。それまでの高齢者専用賃貸住宅（高専賃）、高齢者円滑賃貸住宅（高円賃）の流れを引き継ぐ、広報を目的とした制度です。

一般の賃貸マンションは、認知症や孤独

死などのトラブルを嫌って、部屋が空いていても「高齢者お断り」というところが少なくありません。そこで高齢者の賃貸住宅探しを支援するために「高齢者の入居を拒まない賃貸住宅」の登録制度を作ることになりました。これがスタートです。

そのため、有料老人ホームの届け出は義務ですが、サ高住の登録は任意です。

②建物設備基準
有料老人ホームは、食堂や浴室、談話室などの共用部、廊下幅や防災設備などの共用設備の基準が高く、逆にサ高住は個人の住居として、居室内の広さや収納など、より居室内の基準を重視していると言えます。

ただし、これは制度基準の違いであり、有料老人ホームでも大半のところは、居室内にトイレや洗面、収納設備はあります。サ高住でも、要介護高齢者を対象としているところは、共同の食堂や共用の浴室の他、防災や防犯設備も整備されているところが多いようです。

見学などで、その中身を十分にチェックする必要があります。

③居住権
居住権は、入居者の住み続けられる権利のことです。

有料老人ホームは、契約で定められる「利用権」が多いのですが、サ高住は、他の賃貸住宅と同じく、「借地借家法」で定められた借家権（借地権）が一般的です。

住宅サービスの対価を、借家権を基礎としたサ高住の場合は、「家賃」と言いますが、有料老人ホームの場合は、「利用料」というのはそのためです。

この居住権も、高齢者住宅での生活の安定に大きく影響します。

④介護システムの違い

高齢者住宅に適用される介護報酬は、大きく「特定施設入居者生活介護」と「区分支給限度額方式」に分かれます。前者は、特養ホームと同じように、その高齢者住宅に雇用された介護看護スタッフによって直接、介護サービスが提供されます。これに対し、後者は、自宅と同じように、訪問介護や通所介護などの外部サービス事業者によって介護サービスを受けるものです。

特定施設入居者生活介護の指定を受けた有料老人ホームを「介護付有料老人ホーム」と言い、区分支給限度額方式の有料老人ホームを「住宅型有料老人ホーム」と言います。

現在、サ高住の大半は、住宅型と同じように区分支給限度額方式を取っていますが、同一法人で訪問介護や通所介護の事業所を併設するところも増えています。

その違いは第二章でくわしく解説します。

⑤価格設定の違い

有料老人ホームの価格設定の最大の特徴は、一定期間の利用料（居室等の家賃相当）を、入居時に一括して支払う入居一時金という価格設定を採っているということです。その金額は数百万円~数千万円と高額です。中には一億円を超えるところもあります。

これに対して、サ高住は、保証金や敷金などの一時金が必要であっても、その金額は小さく、他の一般の賃貸住宅と同じように毎月家賃を支払うという価格設定が一般的です。

ただし、最近は、入居一時金を取らずに、賃貸住宅の家賃と同じように、毎月利用料を支払うタイプの有料老人ホームも増えています。

⑥サービス内容

有料老人ホームは、「食事、介護、生活相談など何か一つでも生活支援サービスを行っていれば有料老人ホームとして届け出しなさい」という規定です。一方のサ高住は、「サ高住として登録するのであれば、生活相談と安否確認のサービスは行いなさい」というものです。

ただ、実際には、どちらも食事、介護、生活相談、安否確認など、要介護高齢者が生活するために必要なさまざまな生活支援サービスが行われており、明確な違いはありません。ただ、そのサービスの内容や提供体制、提供者は高齢者住宅事業者によってそれぞれ違いますので、その内容や質を個別に確認する必要があります。

有料老人ホーム設置運営標準指導指針の性格(抜粋)

有料老人ホームは民間の活力と創意工夫により高齢者の多様なニーズに応えていくことが求められるものであり、一律の規制には馴染まない面があるが、一方、高齢者が長年にわたり生活する場であり、入居者の側からも介護を始めとするサービスに対する期待が大きいこと、入居に当たり前払金を支払う場合を含めて大きな金銭的な負担を伴うことから、行政としても、サービス水準の確保等のため十分に指導を行う必要がある。特に、有料老人ホーム事業は、設置者と入居者との契約が基本となることから、契約の締結及び履行に必要な情報が、入居者に対して十分提供されることが重要である。

有料老人ホーム設置運営標準指導指針の項目・内容

① 基本的事項(届け出義務等)	⑦ サービス内容
② 設置者	⑧ 事業収支計画の策定・届け出・見直し
③ 立地条件(地域環境など)	⑨ 利用料(利用料徴収・前払保全)
④ 規模・構造(共用設備など)	⑩ 契約内容(契約書・重要事項説明)
⑤ 職員配置(職員の種類と配置)	⑪ 情報開示(情報開示の徹底)
⑥ 老人ホームの管理・運営方法	

図表　有料老人ホーム設置運営標準指導指針の項目・内容

⑦運営基準・指導監査基準

有料老人ホームの制度の目的は入居者保護です。その設置運営の最低基準について詳細を定めた、「有料老人ホーム設置運営標準指導指針」というものがあります。これに基づいて契約書の中身や説明すべき重要事項の中身が定められています。

これに対して、今のところサ高住は「報告聴取や立ち入り調査、指導ができる」という法律があるだけで、誰がやるのか、何を基準にするのか、どのように監査するのか、その中身も体制も決まっていません。「明らかに登録内容が違う」「虐待などのトラブルが報告された」といった明確な問題が発覚した時に、法的には指導や調査を行うことは可能という程度です。

以上、七つのポイントについて、違いを整理しました。

これは、あくまでも制度基準の違い、現状における一般的な商品性の違いです。

ただ、このように整理しても、「登録制度」「届け出制度」の違いを含めて、とてもわかりにくいという感じは否めないでしょう。それは、二つの制度や基準の違いは説明できても、どうして二つの基準が必要になるのか、誰にも説明できないからです。

テレビ番組などでも、「有料老人ホームは○○だ」「サービス付き高齢者向け住宅は△△だ」と存立・独立しているように紹介されますが、「入居者保護」と「広報」の制度ですから、「有料老人ホームとして届け出して、かつサ高住として登録している」という事業者もあります。

また、有料老人ホームは、「食事、介護、生活相談など何か一つでも生活支援サービス行っていれば有料老人ホームとして届け出しなさい」という規定ですが、その一方で、広報の制度の「サ高住」として登録していれば有料老人ホームとして届け出しなくてよいという、非常にいびつな関係にあります。その制度矛盾に付け込んで激増しているのが無届施設です。

更に、有料老人ホームと言っても、「設置運営指導指針」に基づいて一定の基準で整備された「基準適合の有料老人ホーム」だけでなく、無届施設として運営されていたものが、届け出の義務化によって有料老人ホームとなった「基準に適合しない有料老人ホーム」もあります。そのため、サ高住の基準にさえ届かない、個室でないものさえあります。

これら制度の混乱によって、入居者保護のための事前協議や届け出制度さえも崩壊しており、指導監査体制が整っているはずの有料老人ホームでも虐待やトラブルが頻発しています。

ですから、高齢者住宅選びにおいて、「有料老人ホームか」「サ高住か」といった制度選択には、ほとんど意味がないのです。入居者の責任で、それぞれの事業者の商品性やサービスの中身、質をしっかりチェックすることが必要になるのです。

4 高齢者住宅という商品をみる

▼「高齢者専用　生活支援サービス付き住宅」という商品
▼制度ではなく、商品・サービスをチェックすることが必要

有料老人ホーム・サ高住と言っても、その商品・サービス内容は、多種多様、千差万別です。同程度の価格設定であっても、そのサービス内容やサービスの質は違います。高額の有料老人ホームだから、それに見合った手厚い、質の高いサービスが受けられるというものでもありません。

有料老人ホームか、サ高住かといった制度名称や、サービス付き、ケア付きといったイメージは、実際の高齢者住宅選びには邪魔になるだけです。制度ではなく、「どのような建物設備で、いくらで、

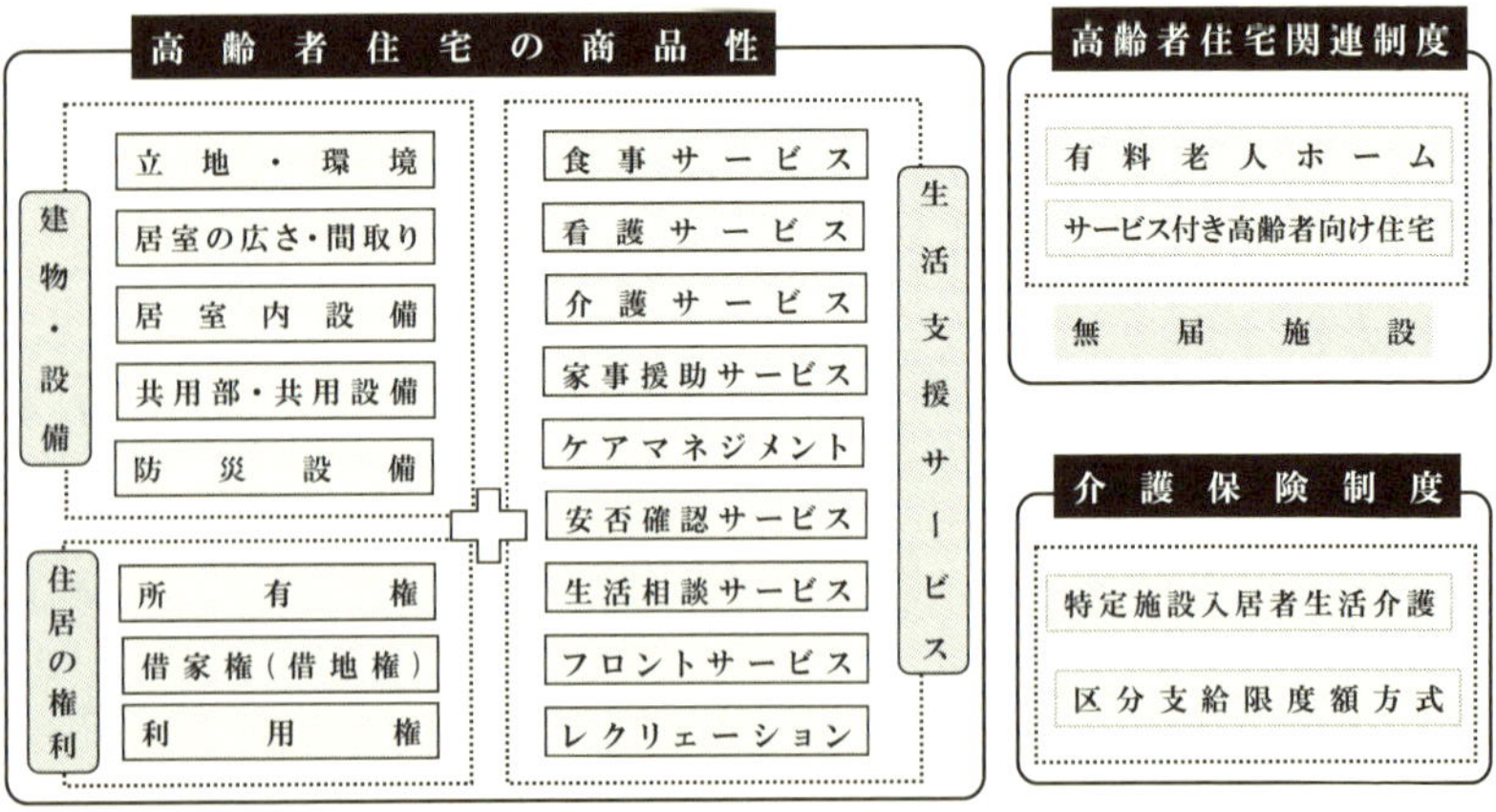

図表　高齢者住宅の商品性

どのようなサービスが受けられるのか」という商品・サービスとして見るという姿勢が、高齢者住宅選びの第一歩です。

高齢者住宅は、加齢によって身体の機能が低下しても、生活しやすいように配慮された住宅サービスと、食事や生活相談、介護看護など、生活支援サービスを組み合わせた複合商品です。

住宅サービスの部分と、生活支援サービスに分けて、整理したものが上の図です。

住居部分の商品性

まず一つは、立地条件、居室の広さや間取り、居室内の設備、共用設備などの住宅サービス部分です。「高齢者に適した住居＝バリアフリー」と単純に考える人は多いのですが、それだけでは不十分です。制度基準に適合していれば良いというものでもありません。

自立高齢者に適した建物設備と、要介護高齢者に適した建物設備は基本的に違うからです。

例えば、要介護高齢者の場合は、自分一人で調理や入浴はできませんから、居室内に調理用のキッチンや浴室は必要ありません。逆に、エレベーターや共用部の特殊入浴設備、廊下幅や居室から食堂などへのアクセス（生活動線）などが重要になります。

サービスの商品性

もう一つが、生活支援サービスです。

要介護高齢者の生活を支えるためには、三六五日、切れ目なく提供される食事、看護、生活相談、安否確認などの生活支援サービスが必要です。それは高齢者施設でも、高齢者住宅でも同じです。ただし、述べたように、高齢者住宅は自由設計商品ですから、その内容やサービス提供方法はさまざまです。

例えば、食事サービスの提供を謳っているものでも、高齢者住宅の事業者から直接提供されるところもあれば、別会社が運営する併設のレストランと入居者が個別に契約する形態のところもあります。また、介護付有料老人ホームといっても、介護サービスの手厚さ、看護スタッフの配置数や勤務時間はそれぞれにちがいます。サ高住の場合は、「生活相談サービスは必須」となっていますが、サービスの中身や体制は事業所によって異なります。

ですから、「どのような生活支援サービスが行われているか」だけではなく、「だれが提供しているのか」「内容、質はどうか」ということを、それぞれ個別にチェックする必要があります。

法律・制度はコンプライアンスをはかるモノサシ

この商品性を見るにあたって、一つの指標となるのが法律や制度です。

有料老人ホームやサ高住という制度ではなく、商品性を理解する視点が重要だと述べましたが、借家権と利用権の基本的な違い、入居一時金に対する法的規制については、理解しておかなければなりません。

また、無届施設は違法な高齢者住宅です。その多くは低価格で運営されていますが、介護保険や医療保険の不正利用によって安くなっているにすぎません。「ケアホーム」「ケア付高齢者マンション」などと銘打っていても、最低基準もなく、適切な情報開示や第三者のチェックを拒み続けている貧困ビジネスです。

中には、動かないようにベッドに括りつけたり、日常的に虐待が行われているような施設もあります。経営者や職員が逮捕されたり、突然倒産し、いつサービスが止まっても不思議のない、住居として非常に不安定なものです。安定した生活を求めるのであれば、法律に基づいて運営されている、違法性のない事業であるというのが大前提です。

介護報酬の類型も、高齢者住宅の商品性を考える上では重要なポイントです。

介護保険法上の「特定施設入居者生活介護」「区分支給限度額方式」などの適用される介護報酬によって、介護システムや提供される介護サービスの範囲、内容、費用はまったく違います。

同じ有料老人ホーム、サービス付き高齢者向け住宅であっても、「組み合わせによって商品内容が違う」「介護サービスの提供方法が違う」「価格設定方法もそれぞれ違う」ということを理解し、その上で、「価格はどうか」「サービスの質はどうか」「信頼できる事業者か」と、その中身やサービスの質をチェックしていくことになるのです。

5 高齢者住宅の居住権

▼見逃されがちな高齢者住宅の居住権の理解
▼有料老人ホームに適用されている利用権は注意が必要

高齢者住宅選びにおいて、見落とされがちなのが居住権です。

老人福祉施設や介護保険施設は、個人の住居ではありません。特養ホームや老人保健施設の入所対象である要介護状態でなくなれば、退所を求められます。病院で病状が回復すると、退院を求められるのと同じです。

これに対して、高齢者住宅は入居者個人の住居・住宅です。

「介護が難しいから」「介護が必要になったから（介護が必要なくなったから）」「経営が悪化し

所有権…高齢者分譲マンションなど
民法上の物権の一つ。法令の制限内において、所有者は自由にその所有物の「使用・処分・収益」ができる。最も強い権利。

借家権…サービス付高齢者向け住宅に多い
民法上の債権の一つである賃貸借契約に基づく権利。居住の安定性を図るという観点から、借地借家法や判例で細かく規定されており、賃借人の権利は強く守られている。

利用権…有料老人ホームに多い
事業者との契約上の権利で、生活支援サービスと一体的に契約される。
居室や共用部、設備等の利用料を家賃のように毎月支払う方式もあるが、一括して終身利用できる権利を購入する入居一時金方式が多い。

図表　高齢者住宅の居住権の種類

たから」と、事業者の都合で一方的に退居をもとめられると、安心して生活できません。

高齢者住宅に適用される権利を整理すると、大きく所有権・借家権・利用権の三つに分かれます。居住権の強さは、経営悪化による倒産、途中退居に関するトラブル、他の入居者とのトラブルなど、高齢者住宅での生活に大きく影響します。正確な理解が必要です。

①高齢者住宅の居住権の種類

高齢者住宅に適用されている居住権は、大きく「所有権」「借家権」「利用権」の三つに分かれています。

所有権は、その名の通り、自分の所有物、持ち物です。自由に「使用・処分・収益」ができる最も強い権利です。民法上の物件の一つで、その強さは法律で規定されています。高齢者分譲マンションは、その区画を購入することで区分所有権が得られます。売ることも、人に貸すことも、改築するのも自由です。

借家権（借地権）は賃貸住宅の居住者（借家人）を守るため

に作られた、借地借家法という法律に細かく規定されている権利です。認知症やトラブルなどでも、事業者から一方的に退居を求められることはありません。また、事業者（家主）が倒産したり、M&Aなどで経営者が変更になっても、それを理由に退居を求められることはありません。契約内容は同法に違反することは許されず、同法に反して入居者に不利な契約は、その部分がすべて無効となります。

これらに対して、もう一つの利用権は、法律で定められている権利ではありません。その入居者と事業者との契約によって規定される権利です。ですから、同じ利用権という言葉を使っていても、その権利の中身や強さは、契約内容やその運用によって事業者毎に変わってきます。事業者の都合で規定されているため、入居者保護の観点から問題が多いという指摘もされています。

②居住権の違いがどのように影響するのか

この権利の強さの違いが、実際の生活にどのように影響するのか見ておきましょう。

一つの問題は、事業者の経営悪化・倒産です。

経営途中でその事業者（家主）が倒産し、他の事業者に事業譲渡された場合、借家権の場合は、新しい事業者に対しても、引き続きその権利を法律上、当然に主張することができます。

これに対して、有料老人ホームの利用権は当然に引き継がれるわけではありません。新しい事業者との再契約になりますから、追加一時金の支払いや、利用料の大幅な値上げを求められるこ

事業者からの契約解除（契約書例）

入居者の行動が他の入居者の生命に危害を及ぼすか、またその恐れがあり、かつ、通常の介護方法及び接遇方法では、これを防止することができないとき。

図表　事業者からの契約解除　契約書例

ともあります。それに合意できなければ退居を求められます。

もう一つは、トラブル等で事業者から退居を求められるケースです。

利用権方式の有料老人ホームでは、ほとんどの場合、契約書の中で事業者から契約を解除する条項を定めています。

暴言や暴力、火の不始末など、他の入居者の生命・財産を及ぼすような事態が発生、継続すれば、何らかの対応が必要になります。ただ、事業者によっては、他の入居者からの苦情や職員とのトラブルが発生しただけで、十分な説明を聞かずに、一方的に退居を求められるようなケースもあると聞きます。

そのため利用権の場合は、事業者からの契約解除について、どのようなケースを想定しているのか、これまで退居を求めたケースがあるのか、また、どのような手続きで行われるのか、入居者や家族に抗弁する機会はあるのかなどについて、より厳しく確認する必要があるのです。

居住者の権利が問題になることも

利用権は法的に認められた権利ではありません。途中退居におけるトラブルも多いことから、入居者の権利擁護のために借家権への移行を求める声もでてきます。

しかし、注意が必要なのは、その強い権利は自分だけでなく、他の入居者にも適用されるということです。

例えば、入居後数年が経過し、ある入居者の認知症の周辺症状によって暴言や暴力などの問題行動や、迷惑行為が発生したと想定してみましょう。周囲から問題行動を指摘されても、本人はそれを認めず、転居の求めにも応じないのが一般的です。「寝たばこは火災の危険が高い」と説明しても、本人が聞く気がなければ、それを根拠に強制的に退居させることはできません。特に、体が元気な高齢者の場合、騒音やひどい臭い、ゴミの散乱等、あらゆる問題に発展し、他の入居者の生活にも影響を及ぼすことになります。

利用権は法的に確立された権利ではなく、個人の住居の権利として課題が多いということは事実です。しかし、高齢者住宅の特性や認知症のトラブル等を考えると、一方の一般の賃貸住宅と同じ借家権が、高齢者住宅にふさわしいかどうかも、十分に検討されているわけではありません。サ高住の中には、「入居者同士のトラブルは家主には関係ない」「当事者同士で解決してください」と言われるところもあるようです。しかし、認知症トラブルは、当事者同士で解決できるような問題ではなく、最悪の場合、「タバコが原因で火災になった」「隣部屋の臭いがひどく、退居せざるをえない」ということにもなりかねません。

また、借家権で住み続けられる権利が法的に担保されていたとしても、事業者が倒産し介護や食事などのサービスが提供されなくなれば、実質的に住み続けることはできません。実際、一部の高齢者住宅では、「事業を閉鎖しますので、○○日までに退居してください」といった一方的な退去勧告が行われるような事態もでてきています。

居住権の種類や強さは、入居後の生活の安定に大きく影響します。見学などを通じて、その高齢者住宅の入居者の生活レベル、雰囲気などを確認すると共に、じっくり話を聞いて、その事業者のトラブル対応力や経営の安定性を見極める必要があるのです。

6 高齢者住宅の月額費用をみる

▼高齢者住宅のパンフレットに示された月額費用は月額生活費ではない
▼高齢者住宅の月額費用は、事業者によって含まれるサービス内容が違う

高齢者住宅は、介護保険制度の発足以降、特にこの一〇年の間に急速に拡大してきた新しい事業です。サービス・価格共に安定しておらず、「高い金額の方が良質の手厚いサービスが受けられる」というわけではありません。実際、プロの目から見ても、「この程度のサービス内容で、どうしてそんなに高いのか」と思うものがある反面、「この金額で適切なサービスが提供できるはずがない」と感じる高齢者住宅も少なくありません。

①家賃（利用料含む）	……………	部屋（居室）や共用部の家賃相当額
②管理費・施設維持費	…………	建物の維持管理費、共用部の光熱水費
③各居室の光熱水費	……………	電気代、水道代、ガス代など
④食事代	………………………	食事代（材料費・調理費）
⑤介護看護サービス費	…………	介護保険の一割負担、上乗せ介護費用
⑥その他サービス費	……………	生活相談、安否確認などのその他サービス費用
⑦日用品等の費用	………………	衣服代、紙オムツ代など
⑧医療費	………………………	通院・入院で必要な医療費
⑨社会保険料	……………………	健康保険、介護保険料
⑩通信費・お小遣い他	…………	電話代、趣味、おやつ代、レクレーションなど

図表　老人ホーム・高齢者住宅で必要な生活費

また、サービスが多様化しているために、価格を比較しにくいという特徴もあります。入居後に「パンフレットの金額と全く違う」「説明よりも五万円も高い」「こんなに必要だとは思わなかった」と、月額費用を巡るトラブルも増えています。

生活費・月額費用を見るポイントは、大きく分けると三つあります。

①月額費用と生活費は違う

まず理解しなければならないことは、高齢者住宅がパンフレットなどで示している「月額費用」と、入居後に実際に生活費として必要となる生活費は違うということです。

日常生活に必要な費用を一覧にしたものが、上の表です。

高齢者住宅に支払う月額費用以外に、少なくとも医療費や日用品費、社会保険料、通信費、お小遣いなどがかかります。「年金が毎月二〇万円ほどあるので、年金内で支払える一八万円の高齢者住宅を探している」と相談されることがありますが、十分な預貯金がない場合、その選択は難しいと言わざるを得ません。

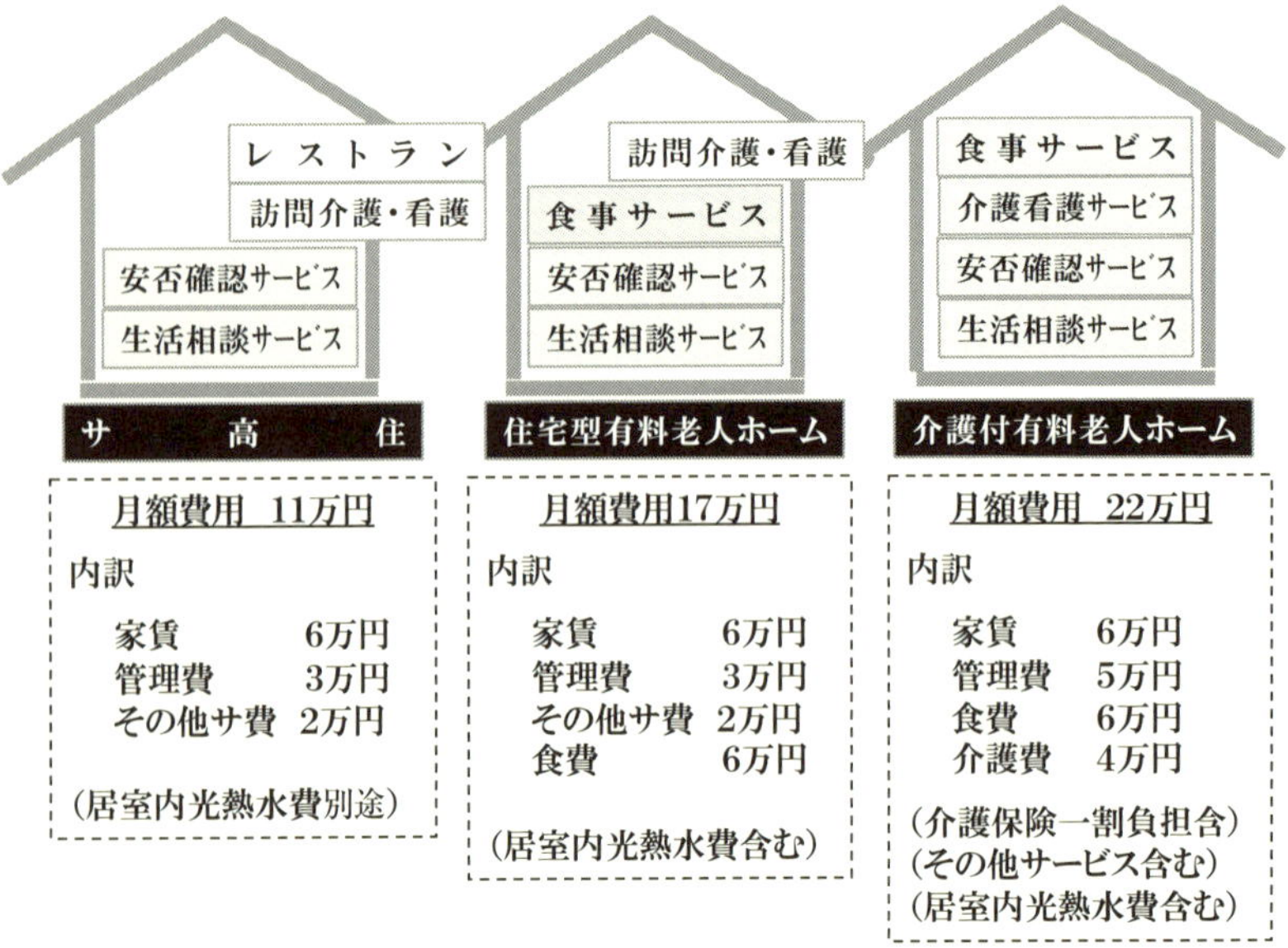

レストラン
訪問介護・看護
安否確認サービス
生活相談サービス
サ 高 住
月額費用 11万円
内訳
家賃 6万円
管理費 3万円
その他サ費 2万円
（居室内光熱水費別途）
訪問介護・看護
食事サービス
安否確認サービス
生活相談サービス
住宅型有料老人ホーム
月額費用17万円
内訳
家賃 6万円
管理費 3万円
その他サ費 2万円
食費 6万円
（居室内光熱水費含む）
食事サービス
介護看護サービス
安否確認サービス
生活相談サービス
介護付有料老人ホーム
月額費用 22万円
内訳
家賃 6万円
管理費 5万円
食費 6万円
介護費 4万円
（介護保険一割負担含）
（その他サービス含む）
（居室内光熱水費含む）

図表　月額費用に含まれるサービス内容　例

②生活費の中で月額費用に含まれるサービス

二つ目は、パンフレットに書かれている月額費用の中に含まれるサービス内容は、事業者によって、それぞれ違うということです。

実際の例を挙げて見てみましょう。

サ高住の場合、パンフレットに書かれた月額費用は一一万円ですが、食事サービスは別途個別契約となっています。介護サービスも外部の訪問介護や通所介護サービス事業者から提供されるため、その自己負担が含まれていません。

住宅型有料老人ホームでは、食費は月額費用の中に入っていますが、介護サービスは、外部の訪問介護などから受ける区分支給限度額方式なので、その自己負担は含まれていません。

介護付有料老人ホームは、食事サービスも介護サービスも、有料老人ホーム事業者が直接提供しますから、介護保険の自己負担も含まれて提示されています。

「有料老人ホームと違い、サ高住は低価格」という人がいますが、「居住費」「管理費」「食費」「介護費」など生活に必要な費用はどこで生活しても同じです。有料老人ホームがサ高住という名前に制度上変わるだけで、価格や費用が大きく変わるなどということはありえないのです。「有料老人ホームの月額費用は平均二五万円なのに対して、サ高住は一五万円程度のところも多い」などという意見を、そのまま鵜呑みにできないことは、ご理解いただけるでしょう。

管理費は、建物設備の維持管理費や共用部の光熱水費、事務管理費などです。ただ、各居室で使用する電気代や水道代などが含まれているところもあれば、別途個別に請求されるところもあります。それだけで、毎月五〇〇〇円～一万円程度、生活費は変わることになります。

③オプションの費用

もう一つ理解しておかなければならないことは、オプションの費用です。

多くの高齢者住宅では、多様化するニーズに対応するために、基本サービスの他にさまざまなオプションサービスが用意されるようになっています。

例えば、介護付有料老人ホームの場合、基本的な介護サービスについては包括的に算定されます。しかし、「個別の外出」「規定回数以上の入浴希望」等については、有料サービスとして追加費用がかかるのが一般的です。

また、食事サービスの中でも、「糖尿病の治療食」「嚥下しやすい介護食」など、個別に対応する食事に対しては、別途追加費用を設定しているところもあります。要介護高齢者で、紙オムツを利用している場合、包括的に算定しているところもあれば、毎月利用した枚数によって計算されるところもあります。

この価格設定からは、事業者のコンプライアンスや経営資質のようなものが見えます。

パンフレットに書かれている月額費用は安くても、実際に生活するためには、追加費用が次々と必要になり、結局、生活費は高くつくという高齢者住宅は少なくありません。また、オプション費用も、「コールに呼ばれた」「着替えを手伝った」など、事業者の都合で判断され、本当に行われたのかどうか確認できないようなものは困ります。

「何のサービスの対価かがわからない」「サービスの内容が不透明」「家族がその内容を確認できない」など、曖昧な価格設定をしている事業者は、注意が必要です。

7 高齢者住宅の入居一時金をみる

▼有料老人ホームに適用される入居一時金の特性を理解する
▼入居一時金に対する法的整備・規制について理解する

高齢者住宅の価格設定を理解する上で、避けて通れないのが入居一時金です。

入居一時金とは、その名の通り、入居時に支払を求められる一時金のことです。

特に、有料老人ホームの入居一時金は、他に類例のない特殊な価格設定方法で、わかりにくいことから、トラブルが多く、規制が強化されています。

ここでは、その特性やメリット、デメリット、リスクについて、細かく説明します。

①入居一時金とは何か

一般の賃貸マンションの場合、住宅サービスの対価として支払うのは「敷金／保証金」「礼金／権利金」などの入居時に必要な一時金と、毎月の「家賃」です。

「敷金／保証金」は、借主の債務を担保するために貸主が預かるものです。賃貸借契約が終了し賃借物件を貸主に明け渡す時に借主に返還されなければなりません。家賃を支払わなかったり、

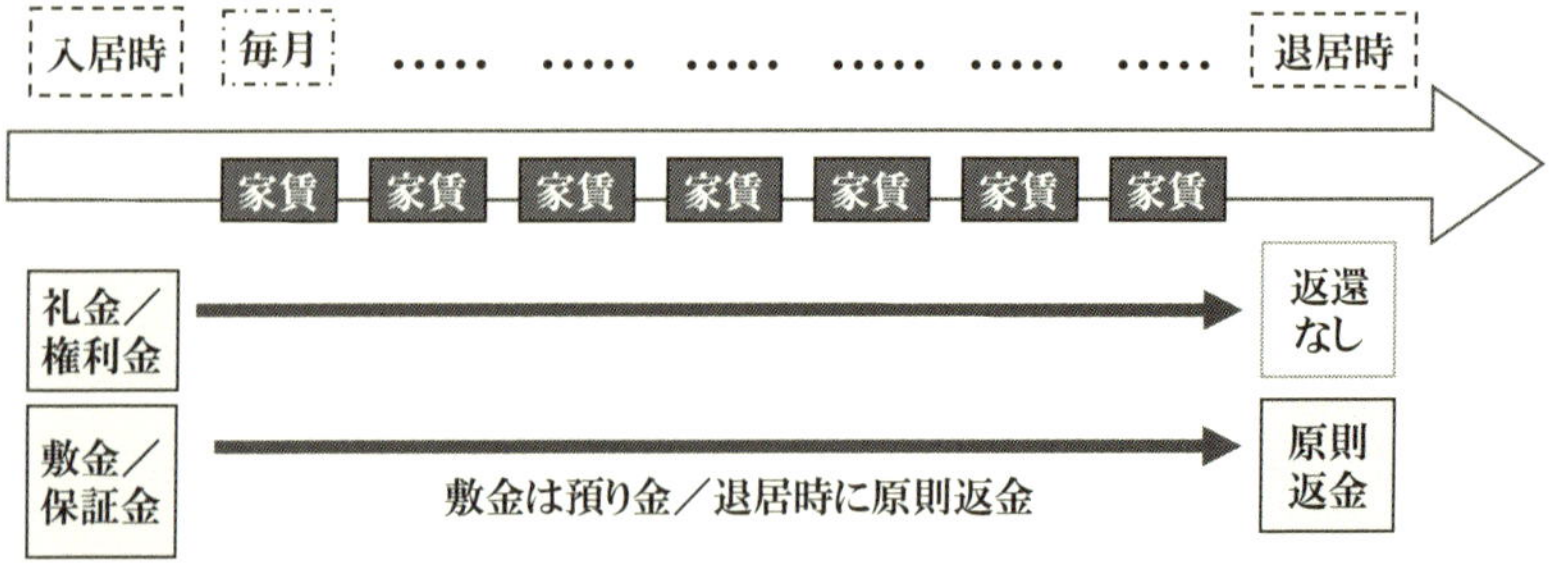

図表　一般的な賃貸住宅の敷金・礼金と家賃

無断で壁に穴をあけたりしている場合、その修繕にかかる費用などが、敷金や保証金から差し引かれ、残額が返金されます。

一方の「礼金／権利金」は、「店子で入りますのでお願いします」といった儀礼的な意味合いを持つ慣例的なものです。契約が終了しても返金されません。

この敷金や保証金などの入居一時金は、サ高住でも設定しています。

もう少し複雑な入居一時金

これに対して、有料老人ホーム事業者が設定している入居一時金は、もう少し複雑です。

「権利金・保証金」だけでなく、「利用料（家賃）の前払い」「終身利用権」が一体となって含まれているからです。償却方法や償却期間の計算方法は事業所によって異なりますが、一般的なタイプのものを単純化し、例に挙げます。

［入居一時金九〇〇〇万円］［初期償却三〇％］［償却期間六年］という有料老人ホームがあると仮定します。入居一時金九〇〇〇万円の内、初期償却が三〇％ですから二七〇〇万円（九〇〇〇万円×三〇％）、残りの六三〇〇万円が、

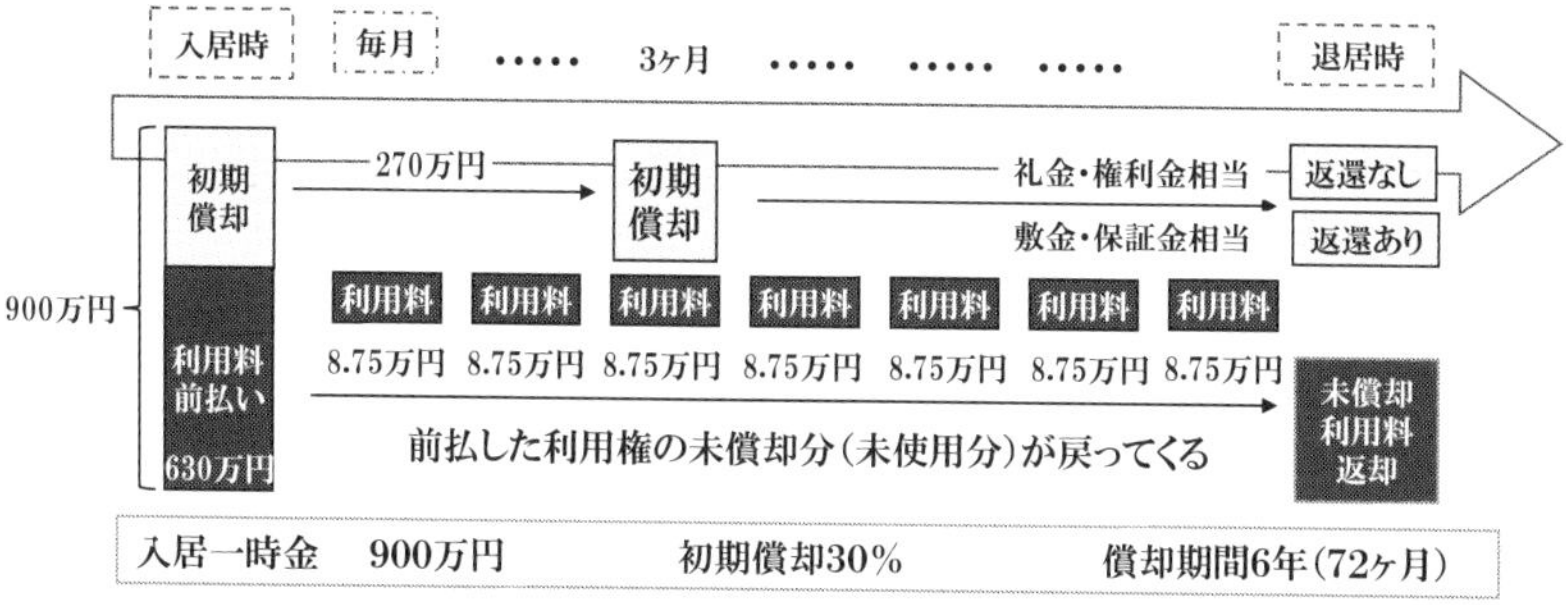

図表　有料老人ホームの入居一時金（償却期間内）

六年間の家賃（利用料）の前払いということです。

初期償却の二七〇万円は、入居後三ヵ月を経過した時点で償却されます。この初期償却にかかるものが、「敷金／保証金」「礼金／権利金」にあたると考えればよいでしょう。

利用料は六年間で六三〇万円ですから、一年間の利用料が一〇五万円、月に直すと八万七五〇〇円です。六年間の家賃を前払いしているので、六年以内に退居する場合は、前払いした分の残金が返還されます。二年間（二四ヵ月）の入居だと、残りの四年分の未利用分四二〇万円（六三〇万円―（八万七五〇〇円×二四ヵ月））が戻ってくるという計算になります。

ここで問題となるのは、六年以上入居した場合はどうなるのかです。

前払いをしたのは六年分だけなので、七年目以降は毎月八万七五〇〇円の利用料を支払わなければならないというのが常識的な考え方です。しかし、「入居一時金を支払えば、償却期間を超えて入居しても、追加の利用料は必要ありませんよ」というのが、この有料老人ホームの入居一時金の最大の特徴です。

つまり、入居一時金は、利用料（家賃）の前払いだけでなく、合わせて終身利用できる権利（終身利用権）を購入するという性格を持っているの

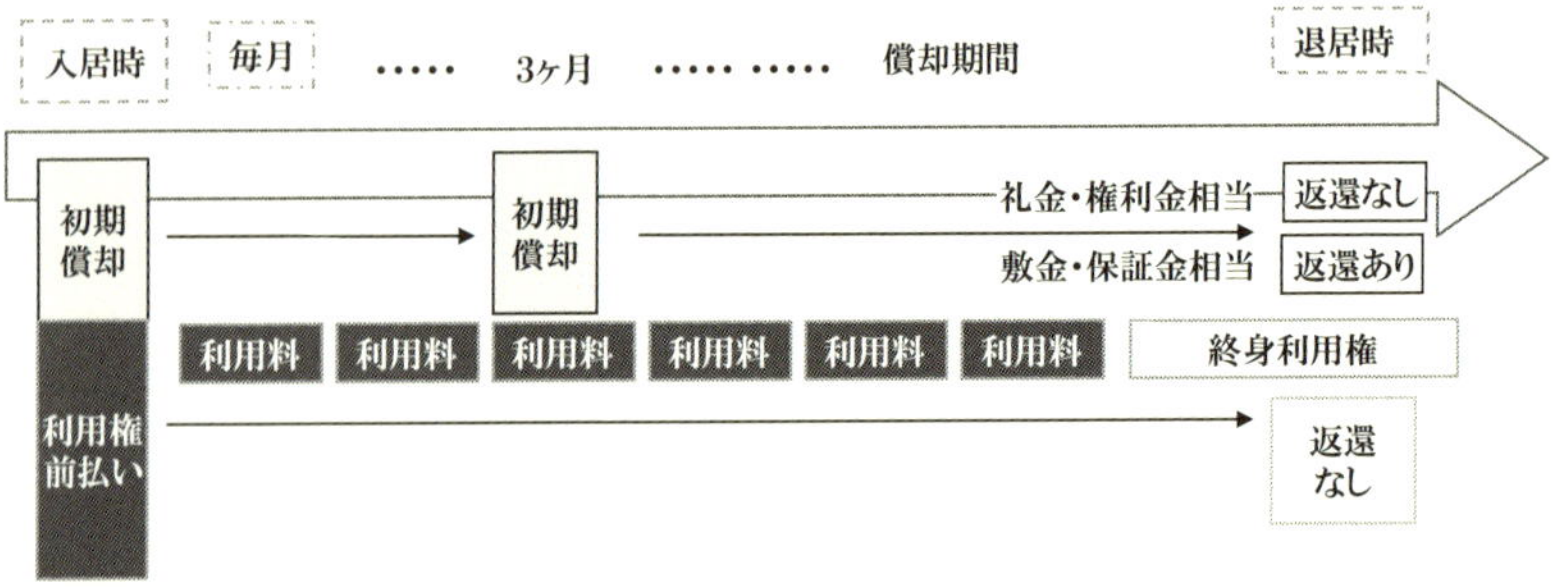

図表　有料老人ホームの入居一時金（償却期間超）

です。この終身利用権という言葉は誤解を招くという意見から最近は使われなくなりましたが、その性格はご理解いただけると思います。

「有料老人ホームの入居一時金は何故高額なのか」と聞かれることがありますが、それは、一般的な「権利金／保証金」というものだけでなく、このように「家賃（利用料）の前払い」と「終身利用権」が一体となっているからです。

②入居一時金のメリット・デメリット・リスク

この「家賃の前払い」「終身利用権」を前提とした入居一時金というのは、制度上は、サ高住にも認められていますが、基本的には有料老人ホーム特有の制度だといえます。

まず、入居者にはどのようなメリットがあるのか考えてみましょう。

一つは、一時金を支払えば、毎月の支払を抑えられるということです。

これまで、有料老人ホームに入りたいと考える高齢者の資産状況は「資産大・収入少」という人が中心でした。預貯金などはある程度持っていても、月々の収入は年金だけです。これまでの生活スタイルから、毎月預貯金を取り崩しながら生活するのは抵抗があります。

A　一〇〇〇万円の入居一時金を支払えば、月額費用は一八万円
B　入居一時金はゼロだが、月額費用は三〇万円
という選択肢があれば、心理的に前者の方が支払いやすいと考える人は少なくありません。

長生きリスクへの保険は一長一短

もう一つは、「長生きリスク」への保険です。

述べたように、この入居一時金は償却期間を超えても、追加費用が発生しないという終身利用契約です。それは長生きすればするほど得だということです。先ほどの例で、六年の償却期間を超えて、一〇年間入居すれば、実質的な毎月の家賃は五万円程度になります。

しかし、これはデメリットと表裏一体です。

「長生きリスクへの保険」である以上、その一時金の中には、長生きリスクへの保険料が入っています。ですから、八万七五〇〇円という金額は、毎月支払う利用料（家賃相当）と比較する少し高額に設定してあります。そのため、償却期間内で退居すれば損ということになります。

これは初期償却の性格とも関係しています。これまで、初期償却は、「礼金・権利金」見合いのものがほとんどで、退居時に返金されませんでした。先ほどの例で言えば、二七〇万円も戻ってきませんから、二年の入居で支払ったのは四八〇万円。これは家賃に換算すると、毎月二〇万円の家賃を支払ったことになります。

つまり、入居者からみると、長生きすると得だが、途中退居すると損になるということです。それは、一旦、高額の入居一時金を支払うと、「気に入らないから」といって、途中で退居しにくい価格設定方式であるともいえます。

終身利用権には落とし穴も

更に、「終身利用権」だからといって、本当に何があっても、終身、つまり死ぬまで入居できる権利が保証、担保されているかと言えば、そうだとは言い切れません。

【5　高齢者住宅の居住権】で述べたように、利用権は借家権のような法的に守られた権利ではありません。事業者と入居者との契約によって定められた権利です。認知症の問題行動やトラブル等によって、老人ホームでの生活が難しいと事業者が判断した場合、退居が求められる旨の契約となっているのが一般的です。

また、有料老人ホームが倒産した場合、償却期間が残っていても、その全額が返金される可能性は低くなります。また基礎となる利用権が弱いために、その場所に住み続けることもできません。倒産を免れても、M&Aなどで事業者が変わった場合、高額な追加費用、追加一時金を求められることもあります。

③進む入居一時金に対する規制

このように、有料老人ホームの入居一時金という特殊な価格体系は、メリットもありますが、その前提となる利用権が弱いことも含め、契約上、入居者・家族のデメリットやリスクが高いものとなっています。

そのため、国も、入居者保護の視点から規制に乗り出しています。

[入居一時金の保全義務]

一つは、入居一時金の未償却部分の保全義務です。入居一時金は、「償却期間内の利用料の前払い」であるため、償却期間内で退居した場合には、その一部が返還されます。しかし、万一、有料老人ホームの運営事業者が倒産してしまった場合、全く返還されないことになってしまいます。そのため、五〇〇〇万円を上限に、入居一時金の未償却部分について、保全が義務づけられています。

この保全は、「銀行による連帯保証」「保険会社の保証保険契約」「信託銀行による金銭信託契約」「全国有料老人ホーム協会の入居者基金加盟」など、法律でその方法が決められています。

ただし、この保全が義務づけられているのは、二〇〇六年四月以降に開設された有料老人ホームに限られており、それ以前に開設されたものは、努力義務に止まっています。また、保全義務がある有料老人ホームでも、二六％の事業者が保全していないという調査結果もでています。

有料老人ホームに入居一時金を支払う場合は、その保全の有無や方法について、しっかりと書面で確認する必要があります。

［入居三ヵ月以内の初期償却の禁止］

二点目は、入居後三ヵ月以内の初期償却の禁止です。

入居一時金のトラブルで最も多いのが、入居期間が短い場合の返還金トラブルです。

例でみると、入居一時金九〇〇万円の内の三〇％、二七〇万円が初期償却されます。

これまでは、入居時すぐに償却されていました。そのため、入居後二週間程度で突然亡くなられた場合や、サービスが気に入らず一ヵ月程度で退居する場合にも、この二七〇万円が全く返還されないというケースがありました。しかし、入居後一週間、一ヵ月間の利用料が二七〇万円というのは、あまりにも法外です。

そのため、入居後三ヵ月以内に契約を解除する場合、初期償却はしてはならず、その期間の利用料や修繕費などを除き、全額返金しなければならないと法律で定められています。その老人ホームで生活できるか、他の入居者と上手くやっていけそうか、またスタッフのサービスの質を見極めるために、三ヵ月間のクーリングオフの期間が設けられたと考えれば良いでしょう。

これは、入居一時金、初期償却を設定している全ての有料老人ホームが対象です。

［権利金・礼金見合いの初期償却の禁止］

もう一つは、初期償却の金銭の中身にかかわる規制です。

「敷金／保証金」は、家賃が支払われない、勝手に部屋に穴を開けたなど、借主の債務を担保するために貸主が預かる金銭です。賃貸借契約が終了し賃借物件を貸主に明け渡す時に、原則、借主に返還されなければなりません。一方の、「礼金／権利金」は、契約が終了しても返金しないでよいものです。これまでの有料老人ホームの初期償却は、後者の「礼金／権利金」に該当するもので、退居時に返還されませんでした。

しかし、この「礼金／権利金」は、「サービスの対価」ではなくその役割が曖昧なため、一般の賃貸住宅においてもトラブルになっていました。

そのため、「礼金／権利金」は禁止される方向に向かっています。

これは、有料老人ホームの入居一時金の初期償却にかかるものだけではありません。サ高住においても、「敷金／保証金」を設定することはできますが、「礼金／権利金」に相当するものは徴収できません。

事例で言えば、二七〇万円は、初期償却されても基本的に戻ってくるということです。

この規制は、二〇一二年以降に届け出される有料老人ホームだけが対象となっていましたが、二〇一五年四月以降は、すべての有料老人ホーム、高齢者住宅が対象です。

この有料老人ホームの入居一時金は、非常に特殊な価格設定、権利関係に基づくものです。「一時金を払えば一生安泰」「一時金の高いところは高級有料老人ホーム」といったイメージではなく、適正な金額なのか、保全は適切に行われているのか、更には、そのデメリットやリスクも含め、しっかり理解することが必要です。

8 高齢者住宅のトラブル・リスク

▼高齢者住宅選びは「安心・快適」ではなく、リスク・トラブルを知ること

▼リスク・トラブルの予防・対応力が、高齢者住宅事業者のサービスの質

高齢者住宅の増加に伴って、入居者や家族とのトラブルも急増しています。国民生活センターに寄せられる相談件数も、右肩上がりで増えています。有料老人ホーム、サ高住など制度に関わらず、トラブルの多い業種、業態だといっても過言ではありません。

その理由は、大きく分けると二つあります。

新しい事業でノウハウがない

一つは、事業者にノウハウや経験が乏しいということ。

有料老人ホームは、昭和三〇年代からある古い制度です。しかし、要介護高齢者を対象としたものは、介護保険制度発足後以降の、まだここ十数年の新しい事業です。そのため、サ高住を含め大半の事業者が高齢者住宅の経営をスタートさせてから一〇年未満です。経営やサービス管理、リスク管理のノウハウは、絶対的に不足しています。

それが、玉石混淆であるということにもつながっています。ベンチャー企業ブームや「勝ち組・負け組」といった安直な風潮の中で、高齢者の生活や介護保険の制度を十分に理解していない人が参入し、「安心・快適」とセールスしているという側面があることは事実です。

法制度が未熟

もう一つの問題は、法律上の入居者保護施策が遅れているということです。

高齢者住宅は、「対象が判断力の低下した高齢者」「入居者・スタッフが限定され閉鎖的になりやすい」「行き場がなく入居者や家族が弱い立場に立たされやすい」という特徴があります。サービスの不正やその隠蔽が起こりやすい事業だといえます。産業としての健全な育成には、行政など第三者による指導・監査など、強制力をもった入居者保護施策の充実が不可欠です。

しかし、これまで国は、参入基準を低くし、とりあえず高齢者住宅の数を増やすという施策を採ってきました。厚労省と国交省の利権争いの中で、縦割り行政の歪みも拡大しています。

その結果、これまで有料老人ホーム制度の中で行われてきた入居者保護施策は有名無実化し、指導・監査体制の整わないサ高住が急増しています。更に、この二つの制度の混乱の中で、無届施設など要介護高齢者を対象とした貧困ビジネスも激増しています。

入居者・家族が高齢者住宅の契約違反やトラブルについて相談したくても、専門的に相談する場所さえない、相談を受けても対応する人がいないというのが現状です。

ご存じの通り、悲惨な虐待事件や殺人ではないかと思われるような事件も発生しています。

入居後に「こんなはずではなかった……」「もっとしっかり確認すれば良かった……」と後悔してもどうしようもありません。高齢者住宅を探すには、「安心・快適」ではなく、現在、高齢者住宅で、どのようなトラブルやリスクが発生しているのかをしっかり理解し、その課題に対して、事業者がどのように対応しているのかをチェックすることが必要です。

代表的なトラブル、リスクを挙げていきましょう。

①事故・怪我
高齢者住宅のトラブルで多いものの一つが、転倒による骨折や食事中の窒息・誤嚥などの事故です。特に、入居後、間もなく転倒・骨折して入院となった場合など、「安心・安全じゃなかったのか!!」「何のために高齢者住宅に入居したのかわからない」と、裁判にまで発展しているケー

高齢者住宅内で発生する事故・怪我　例

「食堂で後ろから来た車いすの高齢者にぶつかって転倒、骨折」
「ベッドから車いすに移乗しようとしたところ、車いすが動いてベッドから転落し脳挫傷」
「入浴介助中に、介護スタッフが目を離した隙に、バランスを崩して溺水」
「手がすべってコーヒーをこぼしてしまい、右手を熱傷」
「食事中に、のどにこんにゃくを詰まらせて、窒息」

図表

スもあります。

しかし、高齢者は加齢によって身体機能が低下しているため、食事が詰まったり、転倒するというリスクは、自宅で生活しているのと大きく変わりません。介護スタッフの明らかなミス、過失が原因となるものもありますが、生活している以上、事業者の努力だけで事故をゼロにすることはできません。

②人間関係のトラブル

高齢者住宅は、基本的に全室個室です。しかし、食事や入浴時等、他の入居者との関わりが大きくなります。車いすを押したり、一緒に散歩に出かけたり、新しい友人ができるなどプラスの面もありますが、同時にいじめや喧嘩、入居者に溶け込めず疎外感を感じるなどの人間関係のトラブルについても報告されています。

③火災・自然災害

火災や地震、ゲリラ豪雨などの自然災害も大きなリスクの一つです。特に、高齢者住宅では、身体機能が低下した高齢者・要介護高齢者が集まって生

月額費用・入居一時金のトラブル　例

「様々な費用が加算され、入居時に聞いていた費用よりも５万円以上高い」
「元気な時に入居したが、要介護状態になって、必要な費用が大きく変わった」
「人件費の高騰を名目に、一方的に値上げを求められている」
「短期間しか入居していないのに、返金の額があまりにも少ない」
「入居後一ヵ月で入院となり、そのまま四ヵ月後に退居となったが、契約解除が３ヵ月後となったため、初期償却が帰ってこなかった」

図表

活しているため、スタッフの少ない夜間に火災や災害が発生すれば、多くの人が逃げ出すことができず、大惨事となります。

④感染症・食中毒

高齢者は、免疫機能が低下しています。風邪やインフルエンザ等の感染症にもかかりやすく、また重篤な状態になる可能性が高いのが特徴です。これは、Ｏ１５７やノロウイルスなどの食中毒も同様です。高齢者住宅は、たくさんの高齢者が生活し、多くのスタッフが働いていること、家族の来訪や関連業者の出入りなど感染経路が多岐にわたることから、感染症が発生・蔓延しやすい状況にあります。

⑤月額費用・入居一時金

月額費用や入居一時金など金銭に関するトラブルも、多いものの一つです。

述べたように、表示されている月額費用は一ヵ月の生活費ではありません。また、パンフレットに表示されている月額費用にどこまでのサービスが含まれているかは各高齢者住宅によって違います。「月額費用一五万円」

と書いてあっても、介護保険の自己負担や紙オムツ等の費用、有料サービスが加算され、実際の請求額は二〇万円を大きく超えるということもあります。

有料老人ホームの入居一時金の返還金も、多いトラブルのひとつです。この入居一時金については、法律によって基準が整備されつつありますが、事業者の中には守っていないところもあり、退居時に大きなトラブルになっています。

⑥途中退居

家族や入居者は高齢者住宅に入居すれば、一生そこで生活できると考えている人は少なくありません。しかし、認知症の周辺症状、他の入居者とのトラブル等で、高齢者住宅内で介護、看護を行うことが難しいと判断された場合、退居を求められることもあります。

また病院に入院した後、病院からは早期に退院を求められ、高齢者住宅からは医療、看護体制が整わないからと再入居を断られるというケースもあります。

⑦サービスに関するトラブル

入居時の説明と実際のサービス内容が違うというトラブルも増えています。

その内容は、「契約通りのスタッフ数がいない」「看護師が時間通り勤務していない」「決められたサービスが提供されていない」という、明らかに契約違反だと思われるものから、「ごはんが美味しくない」「部屋の掃除が行き届いていない」「いつも同じ服を着ている」など、サービスの質・レベルに関する苦情、クレームまで多岐に渡ります。

最近では、「不必要な受診や投薬を強いられている」「介護サービスを無理やり区分支給限度額全額まで利用させられる」といった、過剰サービスに対するトラブルも増えています。

⑧サービス削減・価格の改定

介護スタッフ不足による人件費高騰や入居率の低迷による収支の悪化で、月額費用の改定を検討するホームが増えています。一方のサ高住でも、事業ノウハウや長期的視点のないまま、無理な低価格路線に走るところも多く、入居者が確保できても、経営が安定しない事業者は少なくありません。

最近は経営者が変更となるM&Aや事業譲渡も増えており、経営改善のためにサービス費の値上げや一時金が追加徴収されるといったケースもあります。

今後は、経営を改善するために、価格改定だけでなく、夜間のスタッフ配置削減などの一部のサービスがカットされるという事業所も増えていくと考えられます。

⑨運営事業者の倒産

高齢者住宅入居における最大のリスクは、運営会社の倒産、高齢者住宅の閉鎖です。

老人福祉施設や介護保険施設は、よほどのことがない限り倒産するということはありません。また運営法人が変更になっても価格やサービス内容が変わることはありません。しかし、民間の高齢者住宅事業は、民間の営利事業です。入居者が集まらず、経営が悪化し、運営会社が倒産すれば、サービスが突然止まることになります。

サ高住の借家権で住み続けられる権利が担保されていても、併設の介護サービス事業所やレストランが倒産すれば、事業の継続は困難です。すぐに代替サービスが確保できなければ、その高齢者住宅で生活することはできなくなります。

以前、秋田県では、ある日突然介護付有料老人ホームが倒産、閉鎖となり、行政も巻き込んで大変な騒ぎとなりました。

⑩スタッフによる虐待事件

ニュースでも問題になっているように、働く介護スタッフが入居者を殴ったり、虐待していたという事件も発生しています。高齢者住宅や高齢者施設は、スタッフや入居者が限定される閉鎖的な環境です。更に、要介護高齢者や認知症高齢者は抵抗できないこと、一旦入居すると入居者・家族が弱い立場に立たされやすいことなどから、虐待やその隠蔽が発生しやすい環境にあると言われています。

このような問題のある高齢者住宅はごく一部ですが、残念ながら、表面化するのは氷山の一角であることも事実です。

リスク回避は高齢者住宅選びの最重要ポイント

入居後のトラブル、リスクについて一〇のポイントに分けて整理しました。

一言でリスク・トラブルといっても、転倒事故や入居者間のトラブル、感染症など、事業者の努力だけで一〇〇％回避できないものもあります。逆に月額費用や入居一時金など金銭にかかるものは、事前に確認しておけば、回避できるものです。

高齢者住宅におけるサービスの質というのは、サービスの内容や手厚さだけではなく、このトラブルやリスクの発生予防や拡大予防に向けての対応力も含まれます。このリスクマネジメントの能力が、高齢者住宅事業者の経営ノウハウ、サービス管理の質だと言っても良いでしょう。

この対応力、ノウハウは、事業者によって全く違います。

転倒などの事故を完全に予防することは難しいですが、介護の技術や知識で、ある程度は、発生を予防したり、その被害（怪我）の拡大を予防することは可能です。家族も、事故予防のための必要な対応策やその限界について、事前に十分な説明を受けていれば、感情的になることはないでしょう。それは、金銭に係るトラブルも同じです。

このノウハウ、対応力は、事業規模には関係ありません。小さな単独の高齢者住宅でも、介護や福祉の経験や知識が豊富な管理者のもとで、スタッフ教育やサービス管理が行き届いているというところもたくさんあります。逆に、テレビCMをしているような超大手の誰もが名前を知っているような企業でも、単なる金儲け主義で、内情は杜撰で悲惨というところもあります。

制度が変わることもある

この一〇のリスクに加え、もう一つ重大なリスクを挙げておかなければなりません。

それが制度変更リスクです。

「介護報酬のマイナス改定」といったニュースを聞かれたことがあるでしょう。それは事業者だけの問題ではありません。二〇一五年度の改定では、所得が多い高齢者の介護保険の自己負担は、一割負担から二割負担となりました。それだけで、毎月二万円～三万円の負担増となります。

更に、現在の高齢者住宅に適用される介護報酬は、いくつかの類型に分かれているため制度間の矛盾が拡大しており、今後改定される可能性が高くなっています。この制度変更リスクを回避するためには、介護保険制度を十分に理解し、適切に介護保険が運用されている事業者を選ぶという視点が重要になってくるのです。

第二章 介護保険制度の基礎を理解する

要介護高齢者を対象とした高齢者住宅選びで、重要になるのが介護システムです。

そして、その基礎となるのが介護保険制度です。

「介護付、ケア付き」「二四時間スタッフ常駐」「訪問介護が併設されています」と聞くと、「介護が必要になっても安心」と考えるのではないでしょうか。

しかし、それは早計です。そもそも、介護保険制度は、「安心・快適」「必要・十分」な介護サービスを担保するものではないからです。また、現在の制度には矛盾や運用にあたってのグレーゾーンも多く、それが介護保険の財政悪化や不適切・不正運用の温床となっています。

要介護高齢者の住宅選びには、現在の制度上の課題、運用上の課題も含め、介護保険制度の十分な理解が必要です。介護保険制度は、要支援高齢者と要介護高齢者に対応する制度ですが、ここでは、要介護高齢者を中心に、高齢者住宅との関係を整理します。

1 介護保険制度の基本

▼介護保険制度の基本的な利用の流れ・役割・提供者を理解する
▼介護保険制度は、十分な介護を担保する制度ではない

介護保険制度の利用方法と基本的な役割について整理します。

①介護保険制度の利用の流れ

介護保険制度の基本的な利用の流れは、「要介護度認定」「介護サービス計画策定」「介護サービス実施」「介護報酬の算定・支払い」の四つに分かれます。

まずは、どの程度介護が必要な状況なのかを調査、認定することからスタートします。これを「要介護度認定」と言います。

市町村から委託された調査員による訪問調査と、かかりつけ医の意見書をもとに、各市町村に設置された介護認定審査会が要介護度を決定します。要支援1～2、要介護1～5まで七段階に分けられており、要介護5が最も重い状態を示します。自立可能と判定された場合、介護保険のサービスは利用できません。

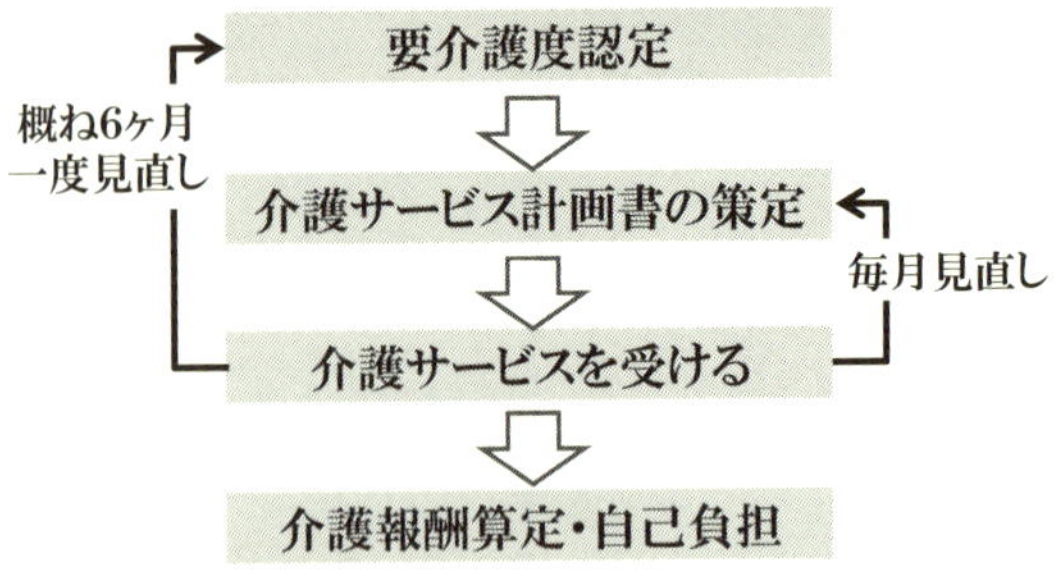

図表　介護保険制度　利用の流れ

原則、その対象となるのは六五歳以上です。四〇歳～六四歳の人は、認知症や関節リウマチなど、加齢による疾病（一六種類が特定疾病として指定）によって要介護状態となった場合に限られます。交通事故が原因で介護が必要な状態になった人は、六四歳までは介護保険の対象外ですが、六五歳になれば介護保険の適用対象となります。四〇歳未満の人は、理由、原因の如何を問わず、介護保険の対象外です。

要介護認定とケアプラン

この要介護度認定は、介護サービスの必要度を定量的・段階的に判定するものです。

ただ、同じ「要介護3」であっても、本人や家族の希望や認知症の有無、医療依存度、生活環境などによって、必要なサービス、生活支援の方法は変わってきます。この要介護高齢者それぞれの身体機能、個別ニーズに合わせて策定されるのが「介護サービス計画書」、通称ケアプランと呼ばれるものです。その策定を支援する専門職がケアマネジャーです。

このケアプランは、高齢者の生活支援の計画書であると同時に、介護保険法上のサービス管理の指示書という役割も持っています。各介護看護スタッフ、介護サービス事業者は、このケアプランの指示に基づいて、介護保険の各種サービスを提供しなければなりません。

例えば、ケアプランでは「三〇分の排泄介助」と指定されていたのに、ホームヘルパーが勝手に「色々と要望があって六〇分介助しました」と後で報告しても、その超えた部分については介護保険は適用されません。同様に、家族が「今日、デイサービスに急に行きたいと本人が言ったので連れて行きました」と言っても、ケアプランに反映されていなければ介護保険の算定対象とはなりません（自費での利用は可能です）。

要介護状態は、疾病や加齢によって変化していきますから、要介護度認定は概ね六ヵ月に一度（大きな変化があった場合は随時）、見直されます。また、ケアプランは、その要介護高齢者や家族の希望や生活スケジュール、要介護状態の変化等に合わせて毎月見直されます。

②高齢者住宅に適用される二つの介護類型

高齢者住宅に適用される介護保険の類型は、大きく「区分支給限度額」と「特定施設入居者生活介護」に分かれます。

区分支給限度額方式は、入居者が個別に訪問介護や訪問看護、通所介護と契約し、これら外部のサービス事業者から介護サービスを受けるものです。自宅で介護を受けるのと同じ方式です。

要介護度別に月額単位の区分支給限度額が設定されています。その限度額内で、利用したサー

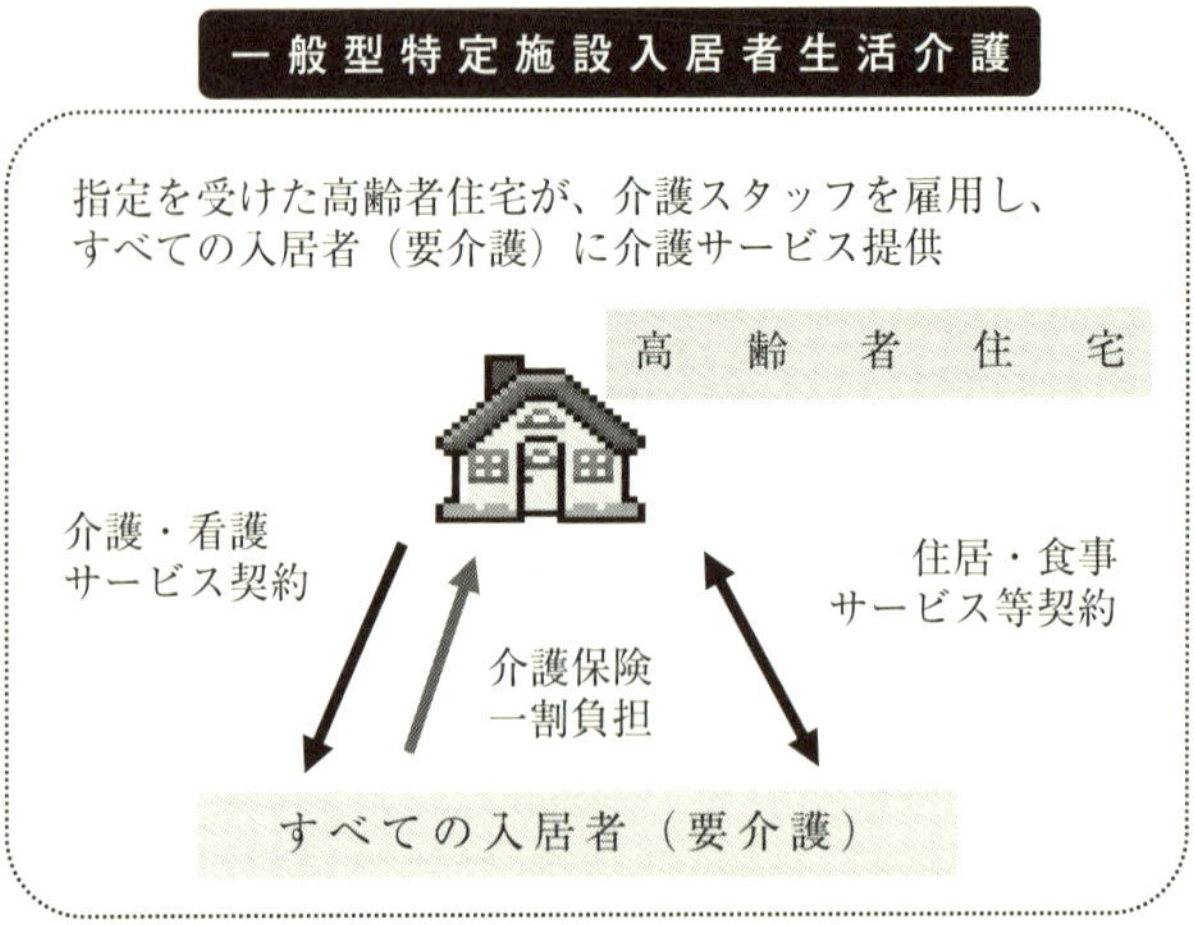

- ◆ サービス管理（管理者配置）
- ◆ 相談サービス（生活相談員配置）
- ◆ ケアマネジメント（ケアマネジャー配置）
- ◆ 介護看護サービス（介護・看護スタッフの配置）

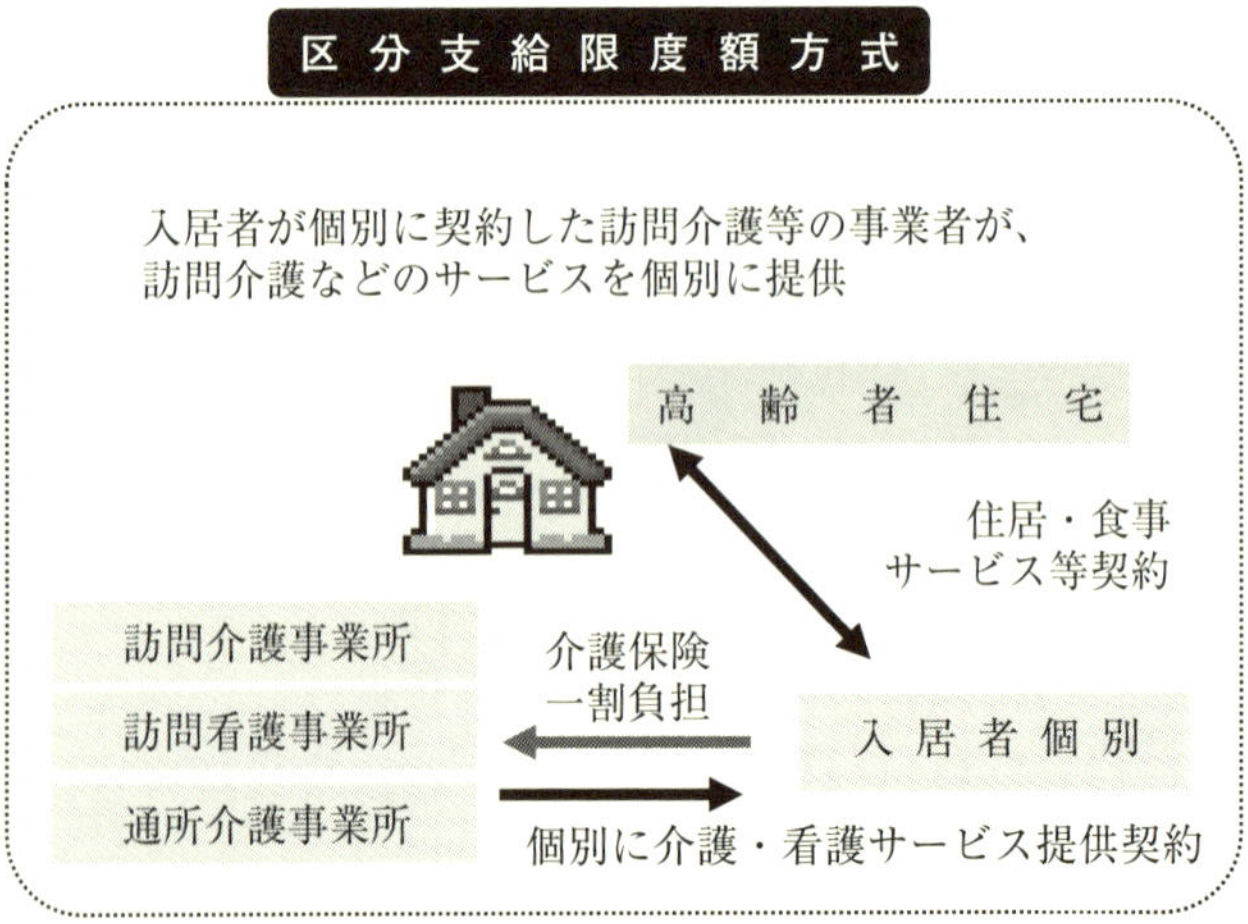

- ◆ 介護看護サービス（訪問介護、通所介護、訪問看護等）

図表　一般特定施設入居者生活介護と区分支給限度額方式の違い

ビス種類と利用した回数によって、利用分だけ介護報酬が算定される「出来高算定方式」です。住宅型有料老人ホームの他、大半のサ高住がこの方式を取っています。

これに対して、特定施設入居者生活介護は、その指定を受けた高齢者住宅が、基準で定められた以上の介護・看護スタッフを雇用し、介護サービスを提供します。個別の食事介助や入浴介助に対してではなく、入居日数で介護報酬が包括的に計算されるため、これを「日額包括算定方式」と呼んでいます。この指定を受けた有料老人ホームを介護付有料老人ホームと言います。サ高住でも指定基準に合致すれば、この指定を受けることができます。

この二つの類型の違いを理解する上で重要になるのは介護サービスの提供責任です。この特定施設入居者生活介護の指定を受けた場合、当該指定を受けた高齢者住宅事業者が直接、その事業者の責任で介護サービスを提供します。そのため「介護付、介護型」と表示することが認められています。

一方の区分支給限度額方式を採る高齢者住宅では、訪問介護等の介護サービス事業者が高齢者住宅の同じ建物に併設されていても、同一法人で運営されているものであっても、高齢者住宅事業者の責任で介護サービスが提供されるわけではありません。そのため、「介護付、介護型」などと、表示することは禁止されています。

「高齢者住宅の責任で介護サービスが提供される」ということは、言い換えれば高齢者住宅が介護サービスの提供に対して責任を持つということです。区分支給限度額方式を採る高齢者住宅の場合、「介護が必要になっても安心」「訪問介護併設で安心」とパンフレットに書いてあっても、その高齢者住宅が介護サービスの提供を約束、担保しているわけではありません。サービス上の事故やトラブル、不正があっても、基本的に高齢者住宅事業者は無関係です。

このサービス提供責任は、高齢者住宅選択における重要なポイントです。

③介護保険制度は必要最低限

もう一つ重要なことは、介護保険制度は「安心・快適」を保証しないということです。「介護付だから十分な介護サービスを受けられる」というわけではありません。もちろん、「訪問介護を併設しているから安心」というわけでもありません。それは、そもそも介護保険制度は、「希望する介護すべて」「必要十分な介護」を保証する制度ではないからです。

これは、現在の医療保険（健康保険）制度と比較するとよくわかります。

日本の医療保険（健康保険）制度は、平等な医療を提供するという観点から、全ての国民が保険内で、その病気や怪我の治療に必要な同じレベルの医療を受けられるということが前提です。ですから、先進医療や差額ベッド代などを除き、医療保険の適応範囲内の医療行為は医療保険で賄い、適応範囲外の医療行為については、患者自身が実費で費用を支払うという費用の混合（これを混合診療と言います）を、原則認めていません。「海外で認可されているガンの薬を日本では使えない」と報道されることがありますが、これはそのためです。

保険給付と自費部分をあわせて利用

これに対して、介護保険制度は、介護保険給付内の介護サービスと対象外の介護サービスを混合して利用することを前提としている制度です。

特定施設入居者生活介護では、基準となる介護看護スタッフ配置と、それに対応する一日当りの介護報酬が決められています。基準以上のスタッフを配置し、手厚い介護・看護サービスを提供する場合には、基準スタッフの部分までは、介護保険の対象ですが、その上乗せされたスタッフ配置分の介護サービスは全額自己負担となります。

区分支給限度額による方式では、支給限度額までの介護サービスについては保険対象となりますが、この限度額を超えて受けるサービスについては全額自己負担となります。

つまり、介護保険制度の基本的な性格は「高齢者の介護サービスの基本的な部分を保障する制度」であり、「それを超える部分は利用者の選択のもと自己負担でサービスを補う」ということが、大原則なのです。

2 ケアマネジメントを理解する

▼介護保険制度の根幹であるケアマネジメント
▼ケアマネジメントの質が、高齢者住宅での生活を大きく左右する

介護保険を利用するにあたっての中核となるのが、介護サービス計画書（ケアプラン）です。このケアプランというのは、排泄介助や食事介助など、必要な介護サービスを当て込み、その報酬算定やサービス管理のために作る書類だと思っている人が多いようです。

しかし、介護サービスの管理は、ケアプランの副次的な役割でしかありません。

主目的は、その人らしく生活するための設計図

述べたように、「右麻痺　車いす利用の要介護3」の高齢者と言っても、「どんな生活をしたいのか」「どんなことが不安なのか」は、要介護高齢者それぞれに違います。

適切な生活支援サービスを提供するには、要介護高齢者一人ひとりの要介護状態や生活環境、個別ニーズに合わせて「どうすれば最も安全、快適に、その人らしく生活することができるのか」を検討しなければなりません。その検討作業全体をケアマネジメントと言い、その過程や成果を

書類にまとめたものがケアプランです。

つまり、ケアプランは、単なる介護サービスの計画表、管理表ではなく、生活相談、食事、また家族の役割も含め、要介護高齢者の生活をどのように支援していくのかという設計図なのです。区分支給限度額、特定施設入居者生活介護など、介護サービスの類型に関わらず、ケアマネジメントの基本的な流れ、ケアマネジャーの役割は同じです。

要介護高齢者が高齢者住宅で安全、安心、快適に生活できるか否かは、このケアマネジメントの質、言い換えればケアマネジャーの能力に大きく左右されます。

高齢者住宅の入居を前提としたケアマネジメントと、その注意点を整理します。

①ケアマネジメントの流れ

まず、ケアマネジャーは、要介護度認定を基礎に、高齢者、家族から身体状況や生活状況、高齢者住宅への入居後の希望や不安などを細かく聞き取ります。これがインテーク（状況把握）と呼ばれるものです。

その中で得られた情報をもとに、食事や排泄、入浴など実際の生活において、どのような課題があるのかをアセスメント（課題分析）し、その課題の解決に向けて、どのような方向性をもって生活支援を行っていくのか目標を設定します。そして、その目標を達成するために必要な介護看護や食事、生活相談、安否確認などの生活支援サービスの手配、調整などを行い、ケアプラン

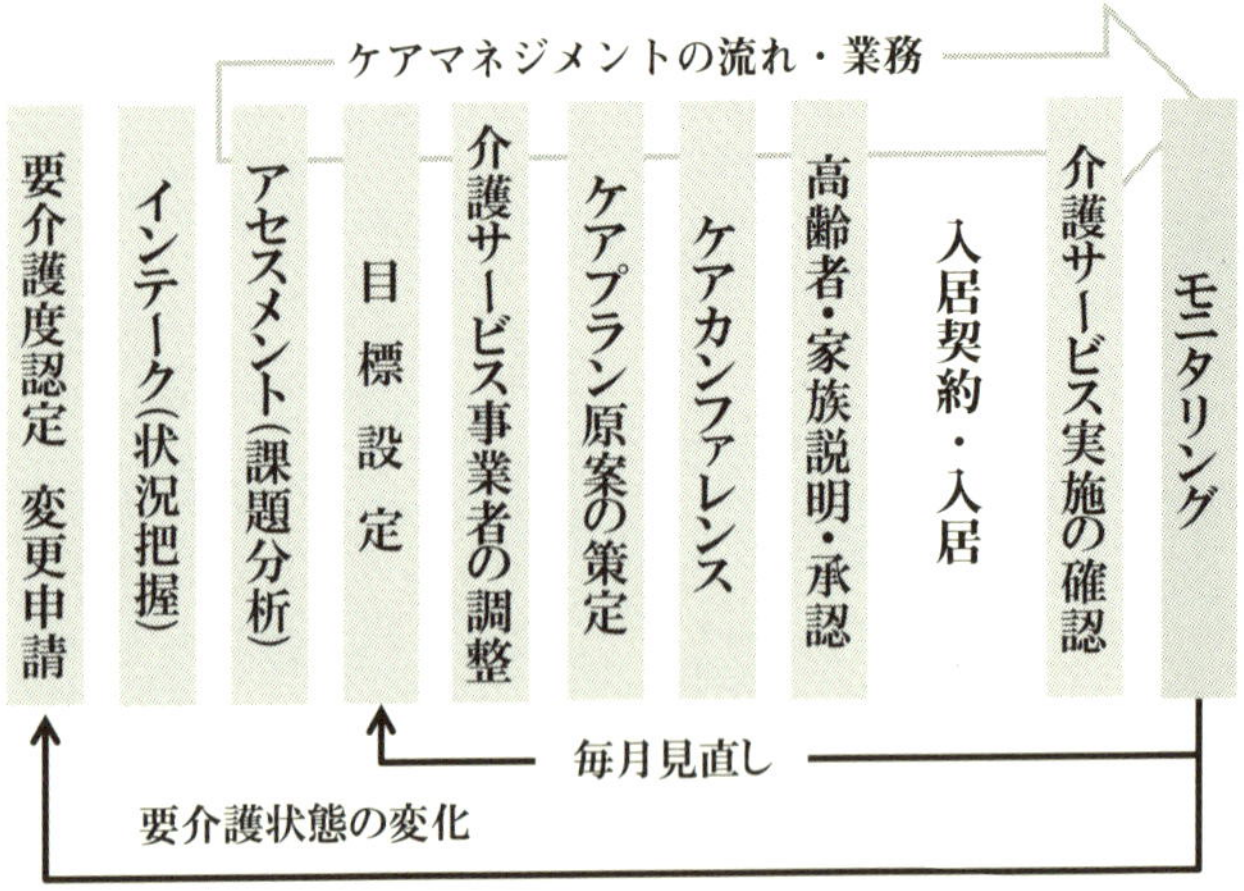

図表　ケアマネジメントの流れ・業務

の原案となるものを策定します。

ケアのために必要な認識を共有する

ここで重要になるのが、ケアカンファレンスです。

ケアマネジャーの策定したケアプランは、あくまでも原案です。この原案をもとに、食事や介護看護、生活相談など、各サービスを提供する担当者が集まり、介護者の状況や生活課題、目標についてケアマネジャーから説明を受けます。そして担当者全員で、各種サービス提供上の注意点、連携・連絡方法などについて検討します。

家族や高齢者も、必ずこれに参加しなければなりません。積極的に入居後の不安について意見を述べ、ケアプランや各種サービスの中身について、各担当者に質問します。意見、要望があれば、この場で議論し、見直します。ケアマネジャーや各サービス担当者は、あくまでもアドバイザーであり、最終的な決定権者は高齢者、家族です。

このケアカンファレンスを通じて、全ての関係者が、その内容を理解し、入居者、家族が承認すればケアプランの完成です。

入居契約とケアプラン承諾のタイミング

各サービススタッフ、関連サービス事業者は、ケアプランに基づいて介護看護、食事、生活相談などのサービスを提供します。要介護高齢者にとって、これらの生活支援サービスは、生活の基礎となるものですから、要介護高齢者が高齢者住宅で生活する上で、ケアプランは必要不可欠なものです。

ここで注意が必要になるのが、高齢者住宅の入居契約とケアプランの関係です。

特定施設入居者生活介護、区分支給限度額方式に関わらず、このケアプランの承認は、原則、高齢者住宅の入居契約と一体的に行われなければなりません。「入居契約はしたけれど、介護サービスや生活支援サービスの内容は納得していない」ということでは、入居しても希望するサービスを受けられない、希望する生活ができない可能性があるからです。

緊急避難的な入居や、手続き上やむを得ない場合を除き、ケアプランに基づく生活支援サービスの内容を十分に理解して、その上で入居契約をすることが必要です。

ケアプランは常に見直される

もう一つ、このケアマネジメントの流れの中で、重要になるのがモニタリングです。

ケアプランは一度策定すれば終わりというものではありません。特に、高齢者住宅への転居など、生活環境が大きく変わる場合には、当初のアセスメントでは見つからなかった新しい生活課題がでてきます。また、目的の達成にむけて適切にサービス提供が行われているかを、日々の生活の中で観察していく必要があります。ケアマネジャーは、各サービス担当者からの情報収集や入居者、家族からの聞き取りを行いながら、モニタリングを進め、必要であれば再度ケアカンファレンスや、ケアプランの変更を行います。

その他、途中で要介護状態が大きく変化した場合は、要介護認定の変更申請も行います。

②ケアマネジメントのポイント・重要性

ケアマネジメントにおいて最も重要なことは、入居者・家族が、生活上の不安や希望をしっかり伝えるということです。

医療の場合、医師から診察・診断を受け、その治療に向かっていきます。最近は、医療現場においても、治療方針やそのリスクについての説明、患者同意（インフォームドコンセント）の重要性が叫ばれています。しかし、医師と患者では、治療方法やそのリスクに対する絶対的な知識量が違います。そのため「医師から丁寧に説明を受ける」という視点が重要になります。

これに対して、ケアマネジメントは生活支援です。ケアマネジャーは高齢者介護の専門家ですが、

「要介護3、右麻痺、自走車いす使用」といった同じような要介護状態であっても、共通した「モデルケアプラン」「標準的な介護サービス」というものはありません。

「何が不安なのか」「どのように生活したいのか」は、一人ひとり違います。「ケアマネさんにお任せ」ではなく、入居者や家族が、生活上の不安や希望、要望をしっかりと伝えなければなりません。

事故やトラブルの可能性も詳細分析する

このケアマネジメントは、生活上の事故やトラブルとも大きく関係しています。

転倒などの事故のリスクは、身体機能の低下だけでなく個人の性格によっても大きく違ってきます。「スタッフに迷惑かけないように……」「できることは自分で……」という意欲や気遣いが、事故のリスクを高めることもあります。

特に、生活環境が大きく変わる高齢者住宅では、新しい環境に慣れるまでの入居の初期段階において、事故が多く発生します。

そのためケアマネジャーは、アセスメントの段階で「どんな事故が発生しうるのか」ということを詳細に分析します。その上で、「ベッドから車いすへの移乗に不安のある時はコールしてください」「歩行にふらつきのある時は車いすを使ってください」「入浴はシャワーキャリーを使用」「食べるのが早いため、ゆっくり食べるように声かけ・見守りを行う」といった対策をケアプランの中で検討していきます。もちろん、高齢者の中には、「車いすにはまだ乗りたくない」「いちいち連絡するのは面倒だ」「できるだけ自分でやりたい」と希望する人もいるでしょう。その時は他の対策を検討したり、転倒のリスクがあるということを、本人、家族を含め全員で共有するという作業が必要になります。

また、高血圧や心臓疾患など急変の不安がある人には、スタッフコールへの対応や定期的な見守り、急変時の対応、連絡先などもケアプラン、ケアカンファレンスの中で話し合います。

入居者間トラブルやサービスに対する不満や苦情も同じです。

「人見知りで人に溶け込めない性格」「たまに感情的になることがある」といった情報が事前にあれば、「早く他の入居者に溶け込めるようにスタッフが声をかける」「感情的になった時の対応」といった対策をケアプランの中で検討できます。

また、入居後には「部屋が汚い」「スタッフの言葉遣いが気になる」といったサービスやスタッフに対する不満が必ず出てきます。直接、介護スタッフには言いにくいことでも、モニタリングの中でケアマネジャーに伝えれば、入居者・家族の立場に立って調整してくれます。

ケアマネジャーの質もばらつきがある

ケアプランは、単なる介護サービス提供の計画書ではありません。それぞれの要介護高齢者の生活支援の基礎、基盤となるものです。そしてケアマネジャーは、介護サービスの専門家であると同時に、入居者、家族の一番近くでその生活全般をサポートしてくれる、強い味方なのです。

しかし、残念ながら、このケアマネジャーの質も玉石混淆です。

経験や知識の差だけでなく、中には、単なる介護や医療サービス押し売りの営業マンという人もいます。親身に相談に乗ってくれる人、上から目線で偉そうな人、話をまったく聞かない人、それぞれです。中には、劣悪な手抜きケアプランのせいで、介護付有料老人ホームでの入浴中に一時間半も放置され、要介護高齢者が溺死するという悲惨な事故も発生しています。介護保険の不正請求や「囲い込み」といった不適切な利用も、ケアマネジャーがその専門性を発揮していないことに原因があります。

「区分支給限度額方式」「特定施設入居者生活介護」などの介護類型を問わず、要介護高齢者が、高齢者住宅で安全、快適に生活ができるかどうかは、ケアマネジメント、ケアマネジャーの能力にかかっているといっても過言ではありません。

3 高齢者住宅と特定施設入居者生活介護

▼特定施設入居者生活介護は、総介護力を入居者でシェアするシステム
▼「介護付」だからと言って、十分な介護サービスが受けられるわけではない

特定施設入居者生活介護は、介護付有料老人ホームに適用されている介護報酬です。「一般型」と「外部サービス利用型」に分かれています。ただ、後者は養護老人ホームが中心で、民間の高齢者住宅が指定を受けているケースはごく一部に限られます。ここでは、「一般型特定施設入居者生活介護」を中心に、そのケアプランの特徴や長所・短所について解説します。

①介護システムと介護報酬

特定施設入居者生活介護は、介護保険法上の指定を受けた有料老人ホーム等の高齢者住宅が、その指定基準以上の介護スタッフ、看護スタッフを雇用します。入居者は、そのスタッフから介護看護サービスを受けます。そのため、基本的に外部の訪問介護や通所介護などの介護サービスを、介護保険を使って利用することはできません。特養ホーム、老健施設などの介護保険施設と同じような介護システムだといえます。

●生活相談員
常勤換算で、利用者 100名に対して、1名以上を配置すること。
生活相談員の内、1名は常勤でなければならない。
●介護職員・看護職員
常勤換算で、要介護高齢者 3名に対して、1名以上を配置すること。
介護職員・看護職員共に、1名以上は常勤でなければならない。
看護職員は、30人までは 1名。30人を超える場合は 50人毎に 1名。
●機能訓練指導員
1名以上配置　(他職種との兼務も可)
●計画策定担当者　(ケアマネジャー)
1名以上　(要介護・要支援高齢者 100名に対して 1名を標準)
●管理者
1名以上　(他職種との兼務可)

図表　特定施設入居者生活介護の指定基準 (人員配置基準)

②長所・短所

要介護状態が中度、重度になった場合、必要になるのは「排泄介助」「入浴介助」「食事介助」といったポイント介助だけではありません。車いすの移乗や移動、テレビを見たい、電気を消してほしいなど「隙間のケア」と呼ばれる短時間のケア、また「汗をかいたので着替えたい」「便が出たのでオムツを換えてほしい」等の「臨時のケア」も生活上、不可欠です。更には、事故や急変に備えて、見守りや声かけ、巡回などの「間接介助」も重要な介護です。

特定施設入居者生活介護を基礎とした介護システムの最大のメリットは、二四時間三六五日介護スタッフが常駐しているということです。これらすべての介助関連項目が包括的に算定されていますから、切れ目のない継続的、連続的、かつ臨機応変の対応が可能となります。

また、介護報酬や介護費用が、月額で包括的に算定される方式ですから、特殊なサービスを除いて、どれだけ介護を受けても一日の介護費用はかわりません。特に、柔軟な介助が

		介護内容	担当者	個別サービス
早朝	4:00	巡　回	夜勤ケアワーカー	
	6:00			
午前		起床介助・排泄介助	早出ケアワーカー	
	8:00	朝食(食事介助)・服薬介助	早出・夜勤ケアワーカー	食事摂取量・服薬注意して確認
	10:00			
午後	12:00	昼食(食事介助)	日勤ケアワーカー	促し、声かけを中心に
		排泄介助	日勤ケアワーカー	
	14:00			
		入浴介助	日勤ケアワーカー	入浴後、塗り薬有り
	16:00		看護スタッフ	皮膚の状態を看護スタッフに確認
	18:00	夕食介助(食事介助)	日勤ケアワーカー	促し・声かけを中心に
夜		排泄介助	遅出ケアワーカー	
	20:00			
		就寝介助(着替え・口腔洗浄)	遅出ケアワーカー	
	22:00			
深夜				
	0:00	巡　回	夜勤ケアワーカー	睡眠状態に注意
				Pトイレ・オムツ交換を選択
	2:00	巡　回	夜勤ケアワーカー	

図表　特定施設入居者生活介護のケアプラン（日課計画書　例）

必要となる中度~重度要介護高齢者には安心できるシステムだと言えます。

その他、指定を受けた高齢者住宅から直接介護サービスが提供されているため、サービスの提供責任が明確であるということも、長所の一つだと言えるでしょう。

しかし、述べたように、通所介護や通所リハビリといった外部の介護サービスを利用することはできません。そのため、一日の流れがホーム主導で決まってしまい、生活がマンネリ化してしまいがちなことや、個別外出などの個人のニーズには、応えることが難しいという短所があります（個別の外出等については、オプションサービスとして介護費用を徴収して対応しているホームもあります）。

③重度要介護高齢者への対応力

しかし、「介護付」だから、十分な介護サービスが受けられるというわけではありません。

高齢者住宅で、「重度要介護状態になっても安心」と標榜するには、二つの視点をクリアする必要があります。一つは、「一人の入居者が重度要介護高齢者になっても対応できる」こと、そしてもう一つは、「全入居者に占める重度要介護高齢者の割合が高くなっても対応できる」ということです。

この二つの命題で、難しいのが後者です。この特定施設入居者生活介護のスタッフの指定配置基準は、要介護高齢者三人に対して、介護看護スタッフ一人です。これを【三：一配置】と言い

	報酬日額	一ヶ月(30日)
要介護 1	533単位	15,990単位
要介護 2	597単位	17,910単位
要介護 3	666単位	19,980単位
要介護 4	730単位	21,900単位
要介護 5	798単位	23,940単位
(加算) 介護職員処遇改善加算、認知症専門ケア加算 サービス提供体制強化加算、個別機能訓練加算 夜間看護体制加算、医療機関連携加算 …… など		

計算例

要介護3　介護付有料老人ホームに1ヶ月(30日)入居

報酬日額	666単位	×	30日	=	19,980単位
個別機能訓練加算	12単位	×	30日	=	360単位
サービス提供体制加算(Ⅰ)イ	18単位	×	30日	=	540単位
夜間介護体制加算	10単位	×	30日	=	300単位
					21,180単位

介護報酬	21,180単位	×	10円(地区単価)	=	211,800円
自己負担	211,800円	×	10%	=	21,180円
保険適応	211,800円	×	90%	=	190,620円

図表　特定施設入居者生活介護の介護報酬算定　例

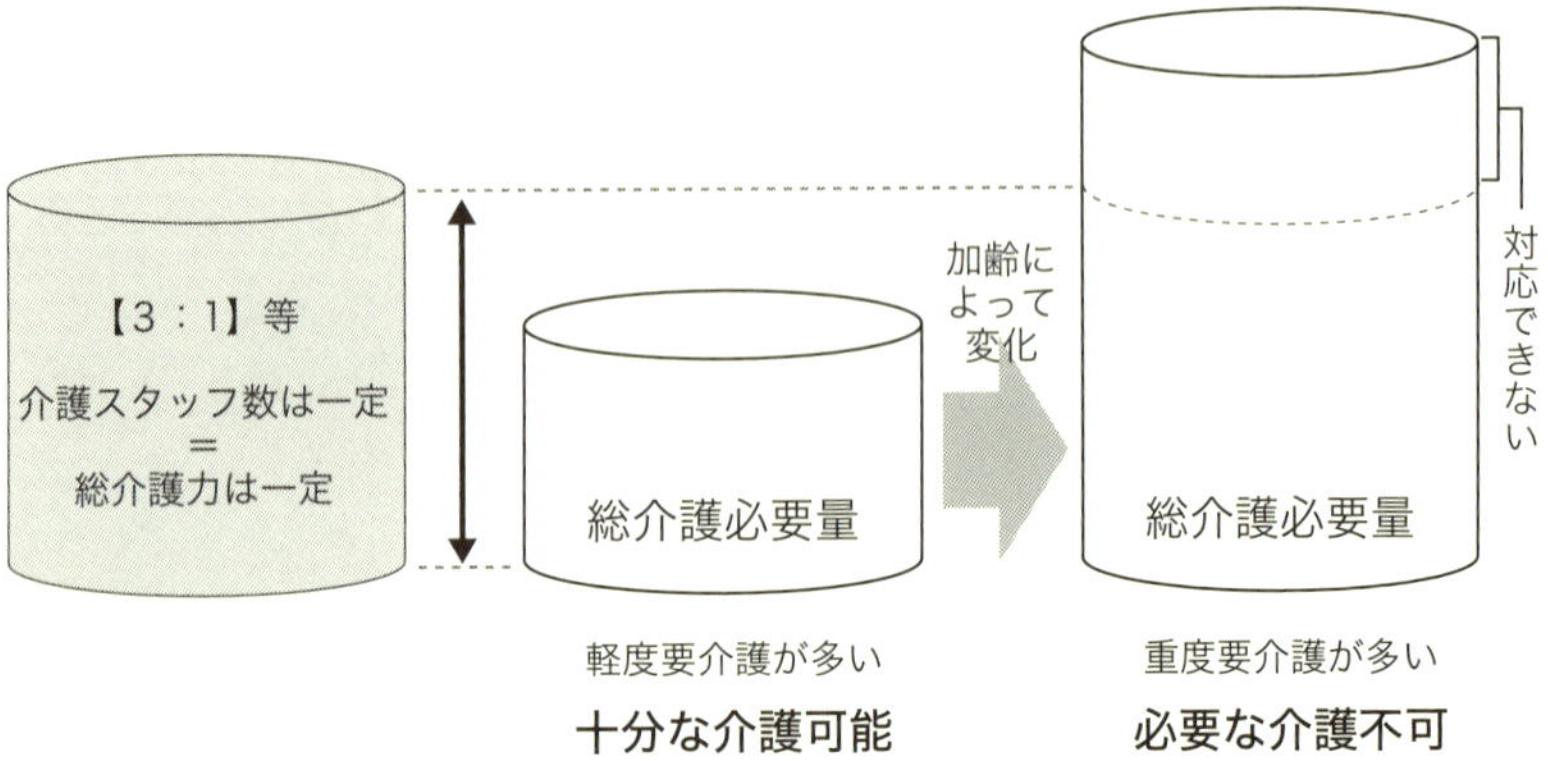

図表　特定施設入居者生活介護の重度化対応

例）介護付有老ホーム　入居者数50名（全員要介護1以上）
夜勤は、2名配置（常勤換算）
日勤8時間、夜勤16時間（2日分）労働、
年間勤務日数を250日と仮定（週休2日　有給10日程度）

スタッフ配置	総スタッフ数	夜勤スタッフ数	日勤スタッフ数
【3：1】	16.7名	2名	7.5名
【2.5：1】	20名	2名	9.7名
【2：1】	25名	2名	13.1名
【1.5：1】	33.3名	2名	18.8名

図表　介護付有料老人ホーム　介護看護スタッフ配置　例（※看護スタッフを含めた数）

ます。介護スタッフ数が一定だということは、提供できる介護サービス量が一定だということです。

例えば、五〇名の入居者全員が要介護状態（要介護1～5）の場合、常勤換算で一六・七名分の介護看護スタッフが働いていることになります。ただし、これには休みや夜勤のスタッフも含まれますから、夜勤スタッフが二名で年間勤務日数が二五〇日の場合、計算すると日中の介護看護スタッフ数は、七～八名程度になります。

この五〇名の入居者が、軽度要介護が中心で、移動や食事、排泄等、自分の身の回りのことはある程度可能なのであれば、この八名程度のスタッフでも十分に介護が可能です。

しかし、加齢によって、付き切りの食事介助や排泄介助、入浴介助が必要な重度要介護高齢者が多くなれば、たくさんの介護サービス量、サービス時間、介護スタッフが必要となります。

提供できる介護サービス量を超えてしまうと、「チョッと待って」「後で行きます」と介護スタッフが走り回ることになり、その結果、過重労働に耐えきれず退職したり、介護が行き届か

ず、転倒や窒息などの事故やトラブルが増加することになるのです。

介護・看護というサービスは、労務集約的な事業ですから、一人のスタッフが提供できる介護サービス量は決まっています。経験豊富なベテラン介護スタッフでも、一人で何人もの排泄介助ができる、一度に何台もの車いすが押せるというわけではありません。

手厚い介護サービスを提供するためには、それに応じた多くのスタッフが必要になります。

そのため、多くの介護付有料老人ホームでは、介護看護スタッフ数を【二・五：一】や【二：一】と、指定基準以上に増やして対応しています。中には介護スタッフ数だけでなく、医療ニーズの高い高齢者にも対応できるよう、看護スタッフ数を増やし、夜間にも看護職員を配置している介護付有料老人ホームもあります。スタッフ数が多くなれば、それだけ手厚い介護サービスが提供されるということです。

ただし、指定基準よりも手厚くなった分、入居者は介護保険制度の一割負担の他に、介護報酬では賄えない上乗せの介護費用が必要になります。つまり、同じ介護付有料老人ホームでも、「どの程度手厚い介護を受けたいのか」「上乗せ介護費用はどの程度かかるのか」等によって、その選択は変わってくるのです。

4 高齢者住宅と区分支給限度額方式

▼区分支給限度額方式は、本人の希望に合わせたサービス種類の選択が可能
▼重度要介護状態になると「隙間のケア」「臨時のケア」への対応が課題

住宅型有料老人ホームの他、大半のサ高住もこの区分支給限度額方式を採っています。最近は、入居者の利便性を高めるため、訪問介護や通所介護などのサービス事業所を同一法人、または関連法人で併設するところも増えています。

しかし、「訪問介護が併設しているから安心」といった単純なものではありません。

区分支給限度額方式の介護システムの特徴と、その長所・短所について整理します。

①介護システム

区分支給限度額方式は、高齢者住宅事業者が、直接、介護サービスを提供するのではありません。自宅で生活するのと同じように、要介護高齢者が個別に、外部の介護サービス事業者の提供する訪問介護や訪問看護、通所介護等と契約し、介護サービスを受けるものです。要介護度別に月単位で区分支給限度額（介護サービスの利用限度額）が設定されており、利用した介護サービ

訪問系サービス	訪問介護、 訪問看護、 訪問入浴、 訪問リハビリ 定期巡回随時対応型訪問介護看護
通所系サービス	通所介護、通所リハ、認知症対応型通所介護
短期入所系サービス	短期入所生活介護、短期入所療養介護
訪問・通所・宿泊の混合サービス	小規模多機能型居宅介護 複合サービス
その他サービス	福祉用具貸与

図表　区分支給限度額で利用できるサービス一覧

	月曜	火曜	水曜	木曜	金曜	土曜	日曜
早朝							
午前	通所介護	訪問介護	通所介護	訪問介護		訪問介護	訪問介護
午後	通所介護 訪問介護	訪問介護 訪問看護	通所介護 訪問介護	訪問介護 訪問リハビリ	訪問介護 訪問看護	訪問介護 訪問介護	訪問介護 訪問介護
夜間							

図表　区分支給限度額方式のケアプラン（週間行動計画表　例）

区分支給限度額

要介護　1	16, 692単位
要介護　2	19, 616単位
要介護　3	26, 931単位
要介護　4	30, 806単位
要介護　5	36, 065単位

計算例

要介護3（区分支給限度額　26,750単位）

利用サービス(月単位)

訪問介護(20分未満)	(165単位)	×	75回	＝12,375単位
訪問介護(20分～30分)	(245単位)	×	15回	＝ 3,675単位
通所介護	(898単位)	×	8回	＝ 7,184単位
訪問看護	(463単位)	×	4回	＝ 1,852単位

区分支給限度額　26,931 ＞ 25,086単位

介護報酬	25,086単位 × 10円(地区単価)	＝	250,860円
自己負担	250,860円 × 10%	＝	25,086円
保険適用	250,860円 × 90%	＝	225,774円

図表　区分支給限度額と介護報酬計算例

ス種類、回数、日数などによって、出来高で算定されます。

②長所・短所

区分支給限度額方式の一番の長所は、数多い種類の在宅サービスの中からサービスメニューを選択できるということです。述べたように、介護付有料老人ホームでは、介護保険を使って通所サービスを利用することはできません。一方の住宅型有料老人ホームでは、医療サポートが必要な入居者には訪問看護を中心にケアプランを組み立てたり、リハビリのために通所リハを組み入れる等、その個人の細かなニーズに対応することができます。

これは、要介護高齢者の生活の質（QOL）という点からも重要です。介護付有料老人ホームでは、常に同じスタッフがサービスを提供しますから、安心という反面、生活上の刺激が少なくなります。これに対して、区分支給限度額方式の場合は、デイサービス利用や買い物の付添いなど、引きこもりがちな要介護高齢者の外出の機会も増やすことができます。

しかし、「介護が必要になっても安心」と標榜していても、高齢者住宅が直接、介護サービスを提供しているわけではありません。介護保険制度上は、デイサービスやリハビリサービスを受けることはできますが、近くにその介護サービス事業所がなければ利用できません。また、訪問介護の事業所が併設されていても、万一、その事業者が倒産した場合、介護サービスが止まってしまうというリスクもあります。

③重度要介護高齢者への対応力

区分支給限度額方式の最大の弱点は、重度要介護高齢者への対応です。

一つは、介護保険サービスで対応できない「隙間のケア」の問題です。

食事介助を例に挙げてみましょう。

食事に介助が必要となる場合、食事時間にホームヘルパーに来てもらい、訪問介護で対応します。直接的な食事の介助だけでなく食堂への移動や移乗、服薬確認などもこれに含まれます。

ただ、食事の介助は必要ないけれど、車いすへの移乗や移動（往復）の介助のみが必要な高齢者は、訪問介護の食事介助の算定対象にはなりません。その他、背中が痛いので体位交換してほしい、水が飲みたい、テレビを点けてほしい等、介護保険では対応できない短時間の「隙間のケア」はたくさんあります。

もう一点は、「臨時のケア」です。

ケアプランは基本的に一ヵ月単位で作成されています。

しかし、要介護状態が重くなると、日によって体調の変化が激しくなるため、定期的なサービスの他に臨時のサービスは必ず必要になります。

例えば、定期的な排泄介助をプラン化していたとしても、下痢などで排便のコントロールが効かなくなることはあります。臨時の対応ができなければ、気持ちの悪いまま、次の交換まで何時間も待たなければなりません。その他、汗をかいたので着替えたい、頭が痛いので薬が欲しい等、事前に予定できないけれど生活上不可欠な、「臨時のケア」はたくさんあります。

更に、認知症高齢者や事故予防に必要な、「見守り」「声かけ」「安否確認」といった「間接介助」も、区分支給限度額方式の訪問介護では対象となりません。

「ケアの連続性」の視点は抜け落ちている

要支援、軽度要介護高齢者は、排泄や移動など身の回りの生活は基本的に自立しています。「入浴時だけ介助してほしい」「病院の付き添いだけお願いしたい」という場合、「区分支給限度額方式」でも対応はできます。しかし、重度要介護状態になれば、日々の細かな生活行動すべてにおいて介護、介助が必要になります。

この「臨時のケア」「隙間のケア」「間接介護」という視点が欠落しているため、区分支給限度額方式では、要介護3～5の重度要介護の高齢者や認知症高齢者に対応することは難しくなります。これを「ケアの連続性の不備」と呼ぶこともありますが、自宅で介護を受けている重度要介護高齢者についても共通して言える介護保険制度の弱点です。

また、特定施設入居者生活介護は包括算定ですから、どれだけ介護を受けても一日の介護費用は一定ですが、区分支給限度額方式は、利用した分だけ費用がかかるという出来高算定です。

訪問介護が併設されていて、コールをすれば「一回三〇分、一〇〇〇円」など、「臨時ケア」「隙間ケア」に自費対応してもらえる体制があっても、それは介護保険制度の対象外です。その回数を適切に管理していないと、限度額を大きく超えて、請求書を見てびっくりするということになりかねません。

5 特定施設入居者生活介護と区分支給限度額方式の比較

▼介護報酬に含まれるのは介護サービスだけではない
▼高齢者住宅での生活に必要な介護サービスと介護保険適用範囲を理解する

区分支給限度額方式と特定施設入居者生活介護を比較すると、その長所・短所は、対照的だと言えます。この二つの介護報酬を対比させて、その課題について整理することは、高齢者住宅の介護システムを理解する上で、とても重要です。

①介護報酬の中に含まれるサービス内容・介護報酬の違い

介護保険は、「高齢期の介護サービスに対する保険」ですが、区分支給限度額方式と特定施設入居者生活介護とでは、その中に含まれているサービスの内容、中身が違います。

	サービス管理	ケアマネジメント	生活相談サービス	介護看護サービス
特定施設入居者生活介護	○	○	○	○
区分支給限度額	×	×	×	○

図表　介護報酬に含まれるサービスの違い

特定施設入居者生活介護の指定を受けるためには、介護看護スタッフだけでなく、相談員やケアプランを策定するためのケアマネジャー、また施設長などの管理者を置かなければなりません（九一頁参照）。サービス管理や生活相談、ケアプラン策定費なども、介護報酬に含まれているということです。

これに対して、区分支給限度額方式の算定対象となるのは、訪問介護や訪問看護、通所介護といった純粋な介護看護サービスのみです。ケアマネジャーの行うケアプランの策定費用も、別途介護報酬が算定されます。

②ケアマネジメントの違い

二つ目は、ケアマネジメントの違いです。

①で述べたように、特定施設入居者生活介護の報酬の中には、ケアマネジメントの費用が含まれています。ケアマネジャーも介護スタッフ、看護スタッフも、生活相談員もすべてその介護付有料老人ホームのスタッフです。食事サービスも直接提供されていますから、ほぼすべてのサービスが内包され、高齢者住宅の責任で提供されていると考えてよいでしょう。各種サービス担当者だけでなく、それを統括する管理者（施設長）もいますから、サービスの疑問や不満に対して、誰に相談すれば良いか明確です。

これに対して、区分支給限度額方式を採る高齢者住宅の場合、ケアマネジメント、各種介護看護サービスは、それぞれ別々の事業者です。

例えば、毎週火曜日は、デイサービスに行くことになっていたが、風邪を引いたので休むといった場合、その代わりの食事をどうするか、代わりの排泄介助や食事介助をどのように手配するのかという課題がでてきます。ケアマネジャーが休みで連絡がつかない場合もあるでしょうし、代替の訪問介護のホームヘルパーが見つからないこともあります。サービス提供者がバラバラなので、病気や体調変化などケアプランの変更に、柔軟に対応するということが難しいのです。

③適用される介護サービスの内容の違い

もう一つ、介護保険を知る上で重要なことは、「介護」に含まれる介助関連項目と介護保険適用の可否です。述べたように、高齢者住宅で必要となる介護は、「排泄介助」「食事介助」「入浴介助」だけではありません。臨時のケア、隙間のケア、声かけ、見守りなども、要介護高齢者が高齢者住宅で安心して生活するために重要な介護です。

高齢者住宅で生活するにあたって、必要な介護関連動作をまとめたものが次の図です。

直接介助とは、高齢者に直接触れて行う介助です。ケアプランに示された食事介助、入浴介助などの定期介助のほか、日々の体調変化によって発生する臨時のケア、移乗、移動などの隙間のケアがあります。

直接介助	定期介助	排泄介助、食事介助、入浴介助など、定期的・個別の介助
	臨時のケア	日々の体調変化や行動によって必要となる臨時のケア
	隙間のケア	車いす移乗、ギャッジアップなど、ごく短時間のケア
間接介助	状態把握	急変・事故予防のための状態把握、様子観察
	見守り・声かけ	危険回避のための見守り、注意喚起、声かけ
	定期巡回	急変・事故早期発見のための見回り、夜間の巡回など
随時緊急対応	コール対応	入居者からの緊急・随時の依頼、連絡への対応
	緊急対応	急変時、事故発生・発見時の初期対応、緊急対応

図表　高齢者住宅に必要な介助項目

間接介助は、身体に直接触れない介助で、状態把握や様子観察、見守り声かけ、夜間の定期巡回などが挙げられます。随時のコール対応や急変時、事故発生時の緊急対応も重要です。頭が痛いときにはコールをして、異常があれば救急車を呼んだり、すぐに介助してくれるというのが、高齢者住宅での安心の一つです。

「高齢者住宅は施設ではなく自宅と同じだ」という人がいますが、自宅と同じ程度の安心なのであれば、住み慣れた自宅を離れて高齢者住宅に入居する意味はありません。より高い安全、安心を求めて高齢者住宅に入居するのですから、直接介助だけでなく、これらの介助関連項目は必ず必要になります。

ただ、これらすべての介助サービスが、介護保険で対応しているわけではありません。

それを一覧にしたのが次頁の表のです。

特定施設入居者生活介護は、臨時ケア、隙間ケア、間接介助、緊急対応などすべてを介護報酬内に含んでいます。

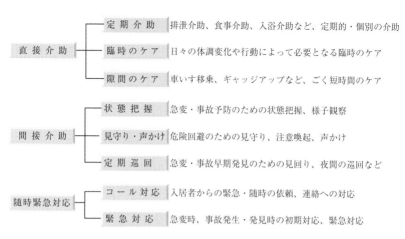

		一般の訪問介護	定期巡回訪問介護	特定施設
直接介助	定期介助	○	○	○
	臨時のケア	△	○	○
	隙間のケア	×	△	○
間接介助	状態把握・観察	×	△	○
	見守り・声かけ	×	△	○
	定期巡回	×	○	○
緊急対応	コール対応	×	○	○
	緊急対応	△	○	○

図表　介助項目と介護保険適用一覧

しかし、一方の区分支給限度額方式によって提供される訪問介護の場合、介護保険の適用となるのは、基本的に事前のケアプランで示された定期介助のみです。臨時のケアも緊急対応も、ケアマネジャーの指示がなければ算定対象とはなりません。隙間のケア、間接介助や定期巡回、コール対応は、すべて介護保険の算定対象外です。

区分支給限度額方式は、介助時間に厳格

最近、住宅型有料老人ホームやサ高住でも、「介護サービス提携型」などと称して訪問介護の事業所を併設する高齢者住宅が増えています。「急変などにも臨機応変に対応します」「隙間のケアや緊急コールにもヘルパーが無料で対応します」という事業所もあります。

しかし、それはそう簡単ではありません。

特定施設入居者生活介護の場合、包括算定ですから、入居者に対する個別の介助時間が定められているわけではありません。排泄介助は一〇分程度で終了しますし、他の入居者からのス

タッフコールや隙間のケアなどにも臨機応変に対応できます。

食事介助においても、一人の介護スタッフが、二人の高齢者を介助しながら、隣りの入居者に促し、他の高齢者がむせていないか見守るということができます。

これに対して、区分支給限度額方式の訪問介護の場合、「三〇分身体介護」をケアマネジャーが指示したのであれば、その高齢者の介護保険を使って提供されている専属の介護時間です。ホームヘルパーがその高齢者の専任で、三〇分常駐するのが基本です。排泄介助が終わっても、他の入居者からコールで呼ばれても、その場を離れることはできません。

この課題に対して、これまでの出来高算定の訪問介護ではなく、定期的な巡回や随時通報への対応力を強化して、二四時間三六五日、必要なサービスを柔軟に対応できる「定期巡回・随時対応型訪問介護看護」という介護、看護を包括的に算定した介護報酬も設定されています。ただ、それを採用している事業者は、ごく一部に限られています。更に、特定施設入居者生活介護と違い、ホームヘルパーが常駐しているわけではありませんから、見守りや声かけ、移乗、移動などの隙間のケアへの対応は十分ではありません。また「どこまで定期巡回の訪問介護の中で対応すべきものか」が詳細に検討されているわけではありません。

隙間のケアや緊急対応は、ホームヘルパーの手待ち時間だけに発生するものではありません。柔軟性がないために、介護サービスが非常に不安定なものとなるのです。

6 区分支給限度額方式の課題

▼違法な「囲い込み」が横行する高齢者住宅
▼区分支給限度額方式の曖昧な運用が制度変更リスクへの引き金に

高齢者住宅に適用される二つの報酬体系を比較するといくつかの矛盾が見えてきます。

ここまで述べてきたことは、適切に、介護保険制度が運用されていることが前提です。しかし、区分支給限度額方式を採用するサ高住や有料老人ホームの一部では、この原則が曖昧になっています。また、それは介護保険の不適切な運用や不正請求と直結しています。

これは、第一章の最後に述べた制度変更リスクにも大きく関わってくる高齢者住宅業界を取り巻く大きな課題です。

特定施設入居者生活介護は、介護看護サービスだけでなく、生活相談サービスやケアマネジメント、サービス管理まで含んでいます。一方の区分支給限度額方式は、介護看護サービスのみです。通常の感覚であれば、前者の介護報酬の方が高く設定されていると思うでしょう。

しかし、実際は、後者の区分支給限度額の限度額が高くなっています。その差額は要介護3で、

要介護度	要介護1	要介護2	要介護3	要介護4	要介護5
特定施設入居者生活介護(30日)	15,990単位	17,910単位	19,980単位	21,900単位	23,940単位
区分支給限度額(1ヵ月)	16,692単位	19,616単位	26,931単位	30,806単位	36,065単位
差　額	702単位	1,706単位	6,951単位	8,906単位	12,125単位

図表　高齢者住宅に適用される介護報酬の違い

六九五一単位(約七万円)、要介護5であれば、一万二一二五単位(約一二万円)となります(一単位＝一〇円として計算)。別途ケアマネジメントの費用が算定されますから、これよりも更に、一〇〇〇単位～一三〇〇単位(一万円～一万三〇〇〇円)ほど高くなります。

もちろん、それには理由があります。

特定施設入居者生活介護は、要介護度別に一日単位で報酬額が決まっており、包括的に算定されます。毎月同じ介護報酬で、その全額が、指定を受けた介護付有料老人ホームの収入になります。

これに対して、自宅で生活する高齢者は、訪問介護、通所介護、訪問看護など、一般的に複数のサービスを利用しています。また、区分支給限度額は、あくまでも介護報酬の利用限度額であり、出来高算定です。要介護4の場合、三万八〇六単位が限度額ですが、そのうちの一万単位、二万単位しか使わないという人もいます。

また、そもそも、この区分支給限度額方式は、一般の住居に対して算定される方式ですから、離れた自宅に対して一軒一軒、訪問して介護サービスを提供するというのが基本です。そのためには、移動時間も必要になりますし、待機時間も発生します。その非効率性を加味して、介護報酬が高く設定されているのです。

制度の違いを悪用する施設も

しかし、この制度の違いを乱用するような高齢者住宅が増えてきました。それが、「囲い込み」と呼ばれるものです。

述べたように介護保険制度は、その個別ニーズに合わせてケアプランを策定するのが基本です。区分支給限度額方式は、その地域で行われている介護や看護、訪問サービス、通所サービスなどさまざまなサービス種類を組み合わせて提供されるところに、そのメリット・長所があります。「薬の管理を行うために週に一度は訪問看護」「筋力の低下予防に週に二回は通所リハビリ」など、その要介護高齢者や家族の意向を聞きながら、最適なケアプランを策定するというのが、ケアマネジャーの役割であり、仕事です。

しかし、一部の高齢者住宅では、同一法人、関連法人内で、居宅支援事業所（ケアマネジャーの事務所）や介護、訪問看護などの介護サービス事業所を併設し、実質的にその併設サービスしか使わせないという事業者が増えています。更に、ほぼすべての入居者一律に、その限度額近くまで同一法人のサービスを使わせています。中には、「糖尿病でインシュリン注射が必要」「床ずれの管理が必要」と医療のケアが必要だと考えられるケースでも訪問介護のみのケアプランが立てられていたり、本人が嫌がっているのに、ほぼ毎日、無理やり起こされてデイサービスに行か

	月曜	火曜	水曜	木曜	金曜	土曜	日曜
早朝							
午前	訪問介護 訪問介護	訪問介護 訪問介護	訪問介護 訪問介護	訪問介護 訪問介護	訪問介護 訪問介護	訪問介護 訪問介護	訪問介護 訪問介護
午後	訪問介護 訪問介護	訪問介護 訪問介護	訪問介護 訪問介護	訪問介護 訪問介護	訪問介護 訪問介護	訪問介護 訪問介護	訪問介護 訪問介護
夜間							

図表　「囲い込み」ケアプランの特徴

されるというところもあります。

もちろん、この自分達の系列のサービスしか使わせない、限度額まで使わせることが前提というのは、明らかにケアマネジメントの本質から外れており、介護保険法違反です。

囲い込みがずさんな管理を生む

更に問題は、その介護サービスさえ適切に提供されていないということです。

サービスの適正利用を管理するのはケアマネジャーの仕事です。しかし、ケアマネジャーと訪問介護サービス事業者、更に高齢者住宅事業者までも同一法人、関連法人で運営されています。そのため適切にサービスが提供されているか否かのチェック機能が働いていません。「食事介助が不要なのに食事介助をプラン化している」「三〇分の訪問介護の介護報酬を請求しているが本当は一〇分もいない」「ケアプランと実際のヘルパーの動きは全く違う」ということが、当たり前のようになっている高齢者住宅もあります。

それは介護報酬の請求ミス、勘違いというよりも、悪質な詐欺に近いものです。

激増する貧困ビジネス

高齢者住宅は、バリアフリーの住宅に、食事、生活相談、介護看護等の生活支援サービスを組み合わせた複合サービスです。その価格設定においては、住宅サービスは家賃(利用料)、食事サービスは食費、生活相談等は管理費や別途サービス費用として算定するというのが基本です。

しかし、家賃や食費を低く設定し、入居者を集めておいて、その差額を埋めるように、介護保険や医療保険（健康保険）をたくさん利用させて利益を得るという「社会保障ビジネス」「貧困ビジネス」が急増しています。

このような不適切な運営、社会保障費の不正利用はコンプライアンス違反というだけでなく、介護報酬の適用方法としては、誰が考えても問題だと思うでしょう。

これは制度設計上の問題でもあります。

要介護高齢者や家族のニーズは、「安定した介護サービスが受けたい」というだけです。高齢者住宅に適用される介護報酬が、このように複数の類型に分かれている理由は誰にも説明できません。このような不適切、不正な介護保険の利用を生み出す温床は、制度の瑕疵《かし》にあるといってもよいでしょう。

ただ、このような高齢者住宅は経営が安定しません。

社会保障財政、行財政はひっ迫していますから、このようなグレーゾーンがいつまでも野放しにされるはずがありません。現在、厚労省でもさまざまな調査や規制を検討し始めており、このような手法は、必ず制度変更によってできなくなります。そうなれば、高齢者住宅が倒産するか、高額の値上げを求められることになります。

この不正利用は、特に無届施設で顕著なものとなっていますが、残念ながら、一部の住宅型有料老人ホームやサ高住にも見られます。最悪の場合、経営者や管理者、ケアマネジャーが突然に逮捕されたり、高額の返還金を求められ、突然、閉鎖されるというリスクも高くなります。

介護保険制度を十分に理解し、法令を遵守し、適切に経営している事業者でないと、生活の安定は望めません。また、「制度の矛盾を突いてグレーゾーンで儲ける」「バレなければ少々の不正は問題ない」といったそのコンプライアンスに対する意識の乏しい事業者は、その体質がサービスの質やスタッフの質にも必ず現れてくるのです。

第二部　高齢者住宅選び　実務編

第三章　高齢者住宅選びの基本

高齢者住宅は、生活の基礎となる住居です。

新しい生活になじめず途中で退居することになれば、本人だけでなく家族にとっても、金銭的にも身体的にも、また精神的にも大きな負担となります。

高齢者住宅の増加と共に、その質は玉石混淆の度合いが深まっています。

「高齢者住宅に入ってよかった」「スタッフにも良くしてもらっている」と満足している高齢者、家族も多い一方で、「こんなはずではなかった」と後悔している人も少なくありません。

そうならないための心構えや流れなど、高齢者住宅選びの基本について解説します。

1 高齢者住宅選び　五つの心構え

▼あせらず、余裕をもって探すことが大切
▼入居後の生活をイメージしながら、しっかり比較・検討

「高齢者住宅選びに失敗した」と後悔する家族の多くが、同じような過ち、失敗を犯しています。共通するのが「不安」と「焦り」です。

ある日突然、脳梗塞で入院。命に別状はないと一安心するものの、右半身に麻痺が残り、日常生活において車いすが必要な要介護状態となります。病院からは早期退院を告げられ、「自宅で生活できない」「子供は誰も同居できない」「特養ホームも入れない」と、慌てて高齢者住宅を探している家族は少なくありません。

不安から早く解消されたいという思いから、「百聞は一見にしかず」と、高齢者住宅の特性や介護保険制度の基本的な知識もないまま見学。そこで「安心・快適」と美辞麗句のセールストークだけを聞いて、「感じが良い」「新しくてきれい」とイメージだけで契約することになります。

このような運任せでは、理想の住まいを探すことはできません。

高齢者住宅選びに必要な心構え、五つのポイントを整理します。

①精神的・時間的余裕をもつ

介護問題の多くは、骨折・脳梗塞等で突然発生します。

病院からの退院促進、家族同士での話し合い、同居の難しさ等、あれこれ考えるだけで気が重くなります。金銭的な問題も含め、将来に対する不安や焦りが起こるのは仕方のないことです。

しかし、高齢者住宅は、入居一時金が数千万円という富裕層を対象とした高額な有料老人ホームだけではありません。中間層の要介護高齢者を対象とした高齢者住宅が、次々と開設されています。高齢者住宅業界は、入居者にとっては買い手市場であり、特養ホームのように開所と同時に埋まってしまうということもありません。

自宅に戻ることができなくても、ショートステイ（一週間～二週間程度）や老人保健施設へのミドルステイ（三ヵ月～六ヵ月程度）を利用すれば、次の生活の場を探すための時間は十分に確保されます。現状の焦りや不安から逃れるためではなく、家族や本人の希望を取り入れた新しい生活のために、時間的余裕を確保し、じっくり探すという心の余裕を持つことが大切です。

②これからの生活について、しっかり話し合う

高齢者住宅への入居は、生活の基盤が移るという大きな選択、決断です。

特に、要介護高齢者の転居は、新しい生活への希望や楽しみではなく、本人、家族ともに不安や心配が大きいのが特徴です。

これまで通り自宅で生活し続けることが難しいとわかっていても、本人が入居を拒否している、家族や子供の間で意見が分かれるといったケースも少なくありません。不安や心残りを押し殺して、無理に説得したり、強引に話を進めても、入居者だけでなく、家族のためにもなりません。入居後に家族間で揉めごとになったり、その後長い間後悔したりと、禍根を残すことになります。

高齢者介護は、感情的になりやすい問題です。だからこそ、これを機会に介護問題だけでなく、家族それぞれの役割や将来の相続問題なども含め、これからの生活について、じっくりと話し合うことが必要です。

高齢者住宅への「今すぐの入居」だけが、唯一の解決策ではありません。「とりあえず」「仕方ない」と選ぶのではなく、未来を見据えた「ベストな選択」をすべきです。

③できるだけ多くの高齢者住宅を比較・検討する

高齢者住宅は、サービス・価格ともに多様化しています。

有料老人ホーム、サ高住、介護付、住宅型など、種別の違う五社～一〇社の高齢者住宅のパンフレットを取り寄せて比較・検討すれば、その対象となる地域で運営している高齢者住宅の全体像をつかむことができます。

たくさんの事業者を比較すればするほど、「AホームとBホームは、入居一時金の償却方法違うな!」「同じ介護付でもスタッフの数が違うな!」「このサ高住は食事が別料金か!」など、サービス内容や価格設定の方法が違うということがわかってきます。

④入居後の生活をイメージする

高齢者住宅の見学に行くと、その建物や設備の豪華さに驚き、営業マンのセールストークにのまれてしまう人がいます。

しかし、高齢者住宅で快適に生活するためには、建物の仕様の豪華さよりも、その身体機能や日常生活動作（ＡＤＬ）に合わせた「移動のしやすさ」「使いやすさ」が、より重要になってきます。要介護高齢者の場合は、家族が訪問しやすいか、バス停や駅からの距離、徒歩でどのくらいかかるのかといったことも、選択の重要ポイントです。

また、要支援、軽度要介護高齢者の場合は、将来、要介護度が重度になった時も生活しつづけられるか、どの程度、費用が上がるのかといったチェックも必要になります。

高齢者住宅は、これから五年、一〇年と暮らす生活の場です。金銭面なども含め、「実際に入居した後」のことをイメージし、より具体性をもって検討することが必要です。

⑤疑問は納得するまで確認する

高齢者住宅選びは、ほとんどの人にとって初めての経験です。事前にパンフレット等の比較をしていても、一度の見学でその内容をすべて理解することはできません。契約書や重要事項説明書を読んでも、疑問は次々とでてきます。

わからないことは、何でも質問しなければなりません。

「見学で、個人的な不安や希望を聞いても良いのでしょうか」という質問があります。しかし、「親父は頑固で、他の入居者とのトラブルが心配」「母は引っ込み思案で、溶け込めるか不安」「お酒やタバコは……」など、個人的なことを相談するために、個別に見学、相談を行うのです。

また、事故やトラブル対応、途中退居のケースなどについては、質問しにくいという意見もありますが、答えにくいような質問は、その多くが重要なポイントです。

コツは難しい質問を投げかけてみること

対応の難しい希望やニーズに対して、どのように答えるかで、その高齢者住宅の経営体質やノウハウ、誠意を読み取ることができます。

例えば、転倒、転落などの生活上の事故。

どのような事故があるのか、事故を減らすためにどのような対策を採っているのか、被害の拡大を防ぐためにどのような取り組みをしているのかなどについて、対象となる入居希望者の身体状況から類推して、事例やケースを挙げて説明できるところは、ノウハウや経験があります。

逆に、「介護スタッフが常駐していますから」「事故ゼロを目指しています」などと、曖昧な説明しかできないところは、介護サービスのノウハウに乏しく、予防対策にも根拠がありません。

見学を重ねて、その管理者や担当者に質問をすると、その回答から「スタッフ教育が行き届いているな」「口先だけでいい加減なことを言っているな」など、事業者のノウハウの差、サービスの質、高齢者住宅の雰囲気というものが見えてきます。

斡旋業者、仲介業者にも注意を

最近では、高齢者住宅を斡旋する宅建業者も増えてきました。しかし、建物や設備などの住宅部分については説明できても、高齢者の身体状況の変化や介護看護、食事、生活相談などのサービス内容については素人という人も少なくありません。

また、高齢者住宅専門の紹介業者もありますが、入居者や家族の立場で、相談に乗るところばかりではありません。入居者の相談料は無料でも、紹介先の高齢者住宅から受け取る紹介料は、一人あたり五〇万円～一〇〇万円に上ります。相談とは名ばかりで、提携している事業者を強引に勧めるといったところもありますし、大手の有料老人ホームの事業者の子会社が、それを隠して「中立・公平」と紹介事業をしているところもあります。高齢者住宅同様に玉石混淆です。「聞いたサービス内容と違う」「言われた金額と違う」というトラブルも増えていますが、彼らが責任をとってくれるわけではありませんし、今のところそれを規制する法律もありません。

十分な注意が必要です。

2 高齢者住宅選びの流れ

▼高齢者住宅選びは、現状の確認からスタートする
▼急いでいる時こそ、全体の流れ・ポイントを意識して

高齢者住宅は、豊かな老後生活を送るための基盤となるものです。ゆっくり時間をかけて探したいと思う反面、いざ探し始めるとなると、どこから手をつけていいのかわからないものです。高齢者住宅選びの流れとポイントを整理します。

①基礎的な知識を得る

高齢者住宅は、一般の賃貸住宅とも高齢者施設とも違う、他に類例のない特殊な商品です。その選択にあたっては、入居一時金の特性や居住権の違い、どのようなトラブルやリスクがあるのか、介護保険の適用方法による介護システムの違いなど、関連する制度や商品特性についての知識が必要となります。

基本的なものについては、第一章、第二章で解説しています。ただし、医療保険、介護保険、年金、高齢者住宅関連制度も今後、大きく変化していきます。行政のリーフレットや新聞、インターネッ

ト等、最新の情報を確認しましょう。

②現在の状況を確認する。

高齢者住宅は、価格・サービスともに多様化しています。その中から、本人や家族の希望に最も近いサービスが提供されている事業者を選び出すという作業です。

そのためには、まず、入居者・家族の状況を正確に把握することが必要です。

「親のことだから……」と理解しているつもりでも、別居中や入院中の場合、身体の状況が大きく変化していることもあります。また、「どのくらいの預金があるのか、年金はいくらもらっているのか」「どの程度の価格の高齢者住宅が対象なのか」という支払可能額の計算も必要です。これら現状把握は、高齢者住宅探しの基礎になるものですから、十分に話し合い、家族の間でも、認識を共有しておきましょう。

第四章で、事前に整理すべきポイントについて解説しています。

③情報収集を行う

高齢者住宅選びは、対象となる高齢者住宅の情報を収集することから始まります。

インターネットの普及で、ほとんどの有料老人ホームはホームページを開設しています。契約書や重要事項説明書、決算書まで表示しているところもあります。施設長やスタッフが日々の生活やイベントのブログを書いているところもあり、その高齢者住宅の雰囲気や管理者の人となり、情報開示に対する意識などをはかることができます。

入居を希望するエリア（地域）と、おおよその支払可能額が決まれば、その地域内にある高齢者住宅の情報を、できるだけ多く集めることが必要です。

地域ごとに有料老人ホームの一覧がわかる情報サイトもたくさんありますし、パンフレットを一括請求できるものもあります。サ高住については、登録制度によって各市町村が公開しています。合わせて確認しましょう。

④サービス・価格を比較検討する

資料が送られてくれば、すぐに見学に出かけたいところです。

しかし、まずはその前に、資料を元に、価格やサービス内容を事前に整理し、様々な事業所のサービスを比較検討しておくことが必要です。述べたように、介護付有料老人ホームでも介護サービスの手厚さはそれぞれに違います。月額費用として同程度の価格が示されていても、その費用の中に含まれるサービス内容はバラバラです。

事前チェックは、その内容を確認するということだけではなく、高齢者住宅に質問することを整理しておくという側面もあります。有意義な見学をするためにも不可欠です。

高齢者住宅の商品をチェックするポイントは、第五章で解説しています。

⑤高齢者住宅を見学する

資料の比較検討の中で、疑問点や聞きたいポイントが整理できれば、いよいよ見学です。最初はできるだけ多くの高齢者住宅を見学し、サービス内容等の疑問点について質問します。その上で、見学で得た情報を整理し、入居希望の事業所を絞り込んでいきます。

ただ、入居者本人が要介護状態の場合は、一緒に多くの高齢者住宅を回ることは、精神的にも身体的にも大変です。本人と一緒では、聞きにくいような質問や相談もあります。だからといって、生活する本人が入居契約まで見ていないということでは、本人の意見が反映されず、不安を大きくさせることになります。

そのため、一度見学して、気に入った所には、契約までに少なくとも、もう一度見学することをお勧めします。一度目は家族だけで、いくつかの条件に合った高齢者住宅を見学し、その中で気に入った事業所が見つかれば、本人と一緒に、もう一度見学すれば多くの発見があります。

見学のポイントや注意については、第六章で解説しています。

⑥入居準備・入居開始

希望の高齢者住宅が見つかれば、入居準備に入ります。この準備期間や入居開始から高齢者住宅に慣れるまでの三ヵ月程度は、豊かな生活を行う上で、非常に重要な期間です。

入居準備、体験入居、事務手続きなど必要な事項については、第七章で解説しています。

3 こんな高齢者住宅は要注意

▼高齢者住宅は、新規参入業者も多く、玉石混淆
▼レベルの低い事業者には、いくつかの共通する特徴がある

高齢者住宅事業は、急速に発展している反面、新規参入の事業者も多く、その質は玉石混淆の状態にあります。一面だけを見て、「良い・悪い」と決められるものではありませんが、プロの目から見て、注意すべき事業者の特徴について解説します。

注意① 法令違反

高齢者住宅業界の中で、現在増えているのが無届施設です。

行政から「有料老人ホームの届け出をしてください」と言われているにもかかわらず、あれこれと理由をつけて届け出をしていない高齢者住宅です。「私たちは適切に運営している」と抗弁する事業者も多く、一部専門家の中にも「劣悪なものばかりではない」と擁護する人もいます。

しかし、もしそうであるならば、行政に届け出をし、外部からチェックを受ければ良いだけの話です。口先であれこれ抗弁しても、最低限の情報公開や、基本的な行政への報告さえも拒否し

ている、違法な事業者であることに変わりはありません。

もう一つ、最近増えているのが、介護保険や医療保険の不適切な運用、不正請求です。

訪問介護等の介護サービス事業所が併設されていることは、介護の利便性を高める上で入居者にもメリットがあります。しかし、その介護サービス事業者しか使えない、区分支給限度額全額まで使うことを強要されるというのは本末転倒です。

診療所の併設や医療法人の運営も同じことが言えます。相互連携や情報共有など、入居者のメリットになるのであれば良いのですが、中には、必要のない精神科や眼科、歯科まで、毎月、無理やり受診させられる、大量の薬を飲まされるというところもあります。

制度設計上のグレーゾーンだという人もいますが、入居者や家族の基本的な権利である、サービス選択の自由を不当に歪めている時点で、明らかな介護保険法、健康保険法違反です。

その他、高齢者住宅の運営には、入居一時金の返還金の保全、防災計画の策定や届け出、防災訓練の実施状況、感染症や食中毒の対策・報告など、遵守すべき法令の内容は多岐にわたります。

法律違反だけでなく、契約違反も目につきます。

介護付有料老人ホームで、契約では【二：一配置】としているにもかかわらず、介護看護スタッフが大量に離職し、それが充足できないまま、少ない人数でサービスが行われているところも少なくありません。受けていない介護サービスの上乗せ費用を不当に支払っていることになります。

このようなコンプライアンス（法令順守、契約遵守）に対する認識が薄い経営者は、介護ビジネスや高齢者住宅事業に参入する資格がありません。事業者が法律違反、契約違反をしているのですから、このような事業所ではスタッフの意識やサービスレベルも低くなります。「わからなければよい」と、入居者への虐待や手抜き介護、過度の身体拘束、事故の隠蔽などが横行することになります。

高齢者住宅は、法律に基づいて適切に運営されているということが最低限の必須条件です。

注意② 契約を急がせる

「申込が多くなっており、早く契約しないと入れなくなります」「この部屋は他の方も見学にこられる予定です」など急いで入居先を探している家族の弱みに付け込んで、強引な勧誘をする事業者は要注意です。

高齢者住宅は「売れば終わり」というものではありません。入居後から実際のサービス・生活が始まります。本来、サービス内容や価格に対する理解が不十分なままで契約されると、入居後の苦情やトラブルの原因となるため、事業者としても困るはずです。

優良な事業者は「他の事業者の説明も、じっくり聞いて選んでください」と決して急がせません。契約を急がせるのは、サービス実務に対するノウハウが乏しく、かつ入居者が集まっていないなど財政的に経営が不安定な証拠です。

注意③　情報開示、情報提供が不十分

見学前に契約書、重要事項説明書等の資料の送付を依頼すると、「契約書や重要事項説明書は契約が決まってからお渡しします」と断る事業者もあるようです。しかし、契約まで契約書や管理規定等が確認できなければ、契約前に契約内容を検討できません。

「説明で聞いた内容と契約内容、サービス内容が違う」といったトラブルが増えており、入居希望者に対する情報開示は、厳しく指導されるようになっています。「契約書等を事前に渡せない」というのは明確なコンプライアンス違反です。あれこれ理由をつけて事前に資料が渡せないというのは、説明内容と実際のサービス内容が合致しないからです。

体験入居の実施状況も重要です。

家族、高齢者にとって、高齢者住宅選びは初めての経験です。「安心、快適」と聞かされても不安が残ります。そのため、介護や食事などのサービスを実際に受け、住み続けることができるかどうかを最終判断する体験入居は、高齢者住宅選びには不可欠です。

これは事業者にとっても、「個別ニーズにどこまで対応できるのか」「他の入居者とのトラブルにならないか」など、入居者の生活レベルを確認する重要なプロセスです。

体験入居が全くできないということは、実際に体験されると困るサービスレベルの事業者だといえるでしょう。

注意④　対象者や家族の話を聞かない

入居者や家族の話を丁寧に聞かない事業者も注意が必要です。

高齢者住宅は、「どんな高齢者でも受け入れ可能」というわけではありません。「暴言や暴力行為など周辺症状のある認知症高齢者」「気管切開などの医療依存度の高い高齢者」は対象外としているところもあります。「どのような状態の入居者でも受け入れる」「何があっても安心・快適」「入居者の安全、快適な生活に一〇〇％責任をもつ」などということが、できるはずがありません。

この入居説明は、事業者にとっても、入居判定の基礎となる重要な情報収集の場です。入居者の要介護状態を聞き、家族と話し合う中で、事業者は「認知症の程度はどうか」「医療ニーズに対応できるか」「他の入居者と上手くやっていけそうか」「入居者・家族と信頼関係は構築できるのか」などを判断しています。

そのため、優良な高齢者住宅では、サービスや価格の「入居説明」だけでなく、入居者の不安や状況を聞き取る「入居相談」に力を入れています。言い換えれば、一方的にしか説明できない事業者は、高齢者住宅経営やリスク管理のノウハウがないということです。

家族が、個別の事情や不安を相談できないような雰囲気の管理者や相談員もいますが、論外だといって良いでしょう。

注意⑤　説明に美辞麗句が多い

高齢者住宅のホームページやパンフレットには、楽しそうなイメージ写真や、「安心」「快適」など美辞麗句が踊っています。「二四時間緊急対応」「○○医療機関と提携で安心」等とセールストークが書いてあります。入居者や家族からすれば「介護が必要になっても安心して生活できます」と書いてあれば、「死ぬまで何があっても面倒を見てくれる」と考えがちです

しかし、この「介護が必要になっても安心」「豊かな老後」などの美辞麗句は主観的なものです。サービスの内容や質が約束されるわけではありません。

実際、高齢者住宅の広告やセールストークには、誤解を招くようなものが多いと、厳しい批判が寄せられています。有料老人ホーム協会や消費者センターでは、誤解を招くような広告や表示に注意するように呼びかけています。公正取引委員会でも、入居希望者に対する広告や表示について景品表示法に触れる不当表示の細かい例を告示して取り締まりを行っています。

優良な事業者からの説明には、「安心・快適」という言葉はでてきません。どのようなサービスを提供しているのか、どんなところに特徴があるのか、どんな点に注意しているのかというサービス実務の説明が中心です。

これは、経営者の資質にも関係しています。

要介護高齢者に関わらず、日常の暮らしというものは、基本的に落ち着いたものです。ホテルではありませんから、非日常的な豪華さや華美なオブジェは必要ありません。レクレーションや

イベントも重要ですが、毎日、お祭り騒ぎのような中では生活することはできません。「入居者の笑顔が私の幸せ」「エンジョイ！　シルバーライフ」などといった歯の浮くような話ではなく、実際の生活上の注意点や早く慣れるための方策、家族の役割などについて、実生活を元に丁寧に話をしてくれる経営者、管理者の方が信頼できます。

注意⑥　説明に曖昧な言葉が多い

説明の中に「少しぐらい」「こちらで何とか」「たぶん大丈夫ですよ」と、曖昧な言葉が多い高齢者住宅も信用できません。トラブルやリスクの理解が乏しい事業者です。

「常時介護スタッフがお世話します」ではなく、「総介護スタッフ数は○名、常勤換算で○名」「昼間は○名、夜間は○名のスタッフが対応します」「介護福祉士○名、ヘルパー二級のスタッフ○名」など、基本事項については、客観的な事実や数字で表すことが求められています。

「緊急対応とは何をするの？」「夜間でもすぐに対応してくれるの？」といった質問に対しても、「サービス内・サービス外」「管理費に含まれるサービス・選択サービス」と数字や事例をあげて説明しなければ、サービス内容はわかりません。

優良な事業者は、「できること・できないこと」「入居後のトラブル・リスク」「高齢者住宅での生活についての注意点、禁止事項」等について丁寧に説明します。入居後の事故やトラブルについて相互理解が深まらなければ、入居者、家族との信頼関係を構築することができません。曖味な説明では、入居後にトラブルやクレームになるとわかっているからです。

最近は、パンフレットや重要事項説明書以外に、わかりにくい部分や質問の多い事項をまとめ、図や表を作って説明に力を入れる事業者も増えています。説明の態度や質問に対する回答からは、その事業者のノウハウや資質、誠意など多くのものが見えてきます。

注意⑦　スタッフの態度が悪い

「○○ちゃ～ん。オムツとって～」「○○さ～ん（入居者）、こっちこっち」


高齢者住宅に行くと、そのような言葉が聞こえる事業者があります。また、介護スタッフが靴を踏んで歩いていたり、挨拶もしない、ダラダラと仕事をしているのを目にすることもあります。

高齢者住宅は、新しい建物や設備に目を奪われがちですが、介護看護や生活相談は、人が人に行う専門的な対人援助サービスです。スタッフの数がいくら多くても、その態度や技術が悪ければ優良なサービスを受けることはできません。

ただ、それは個々のスタッフの問題ではありません。

見学において、そのような態度の悪いスタッフが目につくということは、その事業所では、言葉遣いや態度を注意する人がおらず、それが見慣れた日常であるということです。それは、経営者や管理者の質が低いということです。

注意⑧　個別面談・家族懇談会が開かれていない

家族懇談会は、高齢者住宅の運営や生活上の課題について、事業者側と入居者・家族側が集まって、話し合う場です。契約書や管理規定等で、この運営懇談会について規定している高齢者住宅は多いのですが、実際には一度も行われていない事業所もあります。

家族との個別面談も重要です。

高齢者住宅は、入居者や家族と良い関係でなければ、安定的に経営を継続し、質の高いサービスを提供することはできません。そのため有料老人ホーム、サ高住を問わず、優良な高齢者住宅では、入居後一ヵ月以内に、またその後も、半年に一度程度は、定期的に家族との面談を行う機会を設け、家族からの意見や苦情、疑問などを積極的に出してもらうように努力しています。

「運営懇談会が開かれていない高齢者住宅」「家族との個別面談が行われていない事業者」は、サービスや経営に問題を抱えた事業者だと言えるでしょう。

注意⑨　誰が責任者なのかわからない

最近のサ高住の中には、介護や食事は入居者との個別契約で、生活相談や安否確認も、併設されている訪問介護の事業者が行うというところもあります。入居相談や見学対応も併設の訪問介護や通所介護のスタッフが行うというケースもあるようです。

そのため、「私は単なる家主です」「実際の運営は併設の訪問介護事業者に任せています」と自分がサ高住の事業者、責任者だという認識のない経営者が増えています。

このような形態では、この併設された訪問介護が倒産すればどうするのか、事故やトラブルが発生した場合に誰と話をすれば良いのかまったくわかりません。

経営ノウハウどころか責任感もないため、自然災害や火災への防災対策、感染症の対策も誰が行うのか、何をしなければならないのかもわかっていません。もちろん、その併設の訪問介護事業者も、訪問介護を集中的に提供して利益を上げたいだけで、高齢者住宅の経営に何の責任もありませんし、トラブルが発生しても何の責任も取りません。

有料老人ホームであれ、サ高住であれ、その高齢者住宅の事業者には、「入居者の安全な生活に対して最大限の配慮を行う義務」があります。そのために生活相談や安否確認、他の事業者との調整や連携を通じて、質の高いサービスを提供する責任があります。

しかし、このような高齢者住宅は、それぞれが「高齢者を集めて金儲けをしよう」というだけで、最初から、質の高いサービスを提供しようという気持ちが誰にもないのです。

これは、どのような事業者が優良か、チェックポイントはどこかという以前の問題です。

信じられないことですが、「安心・快適」とパンフレットに書いてあっても、それを誰が言っているのかわからないような事業者が増えているのです。

第四章

入居者・家族の状況を把握する

高齢者住宅の商品性は多様化しています。

そのため高齢者住宅を選ぶには、どのようなサービスに重点を置くのかを、事前にしっかり話し合っておくことが必要です。同時に、新しい生活に対する不安も大きくなりますから、トラブルやリスクから目をそらさずに、不安や疑問を整理しておくことも大切な準備作業の一つです

「親のことだからわかっている」と思うかもしれません。しかし、これが整理できていないと、見学に行っても、実際の生活のイメージができません。思いつき、場当たり的な質問になってしまい、サービスの質を比較し、見極めることもできません。

ここでは、「身体の状況」「入居意志」「希望・不安」「支払可能額」の四点に分けて、高齢者住宅を探し始めるにあたって整理しておくポイントについて解説します。

1 身体状況・要介護状態

▼介護サービスの必要度は？　ＡＤＬを把握する（日常生活動作は？）
▼特に、病院や施設への入院・入所中の場合は注意が必要

高齢者住宅への入居にあたって、まず把握しておかなければならないのが、入居する高齢者の要介護度、要介護状態です。第二章で述べたように、要介護度の認定は、市町村の要介護認定審査会によって決定されます。

ここで大切なのは、本人や家族だけで勝手に判断しないことです。物忘れがひどくなって、身体が弱ってきたけれど、一人である程度、身の回りのことはできるから自立だろうと考えて申請しない人もいます。

しかし、家族が一緒に生活しているから問題ないだけで、「一人で外出や留守番をさせるのは無理」「食事や風呂の準備はできない」というのも、その多くは要支援、要介護の状態です。実際、高齢者住宅への入居にあたって専門的な見地から認定を行うと、生活の一部には介護支援を入れた方が良い（要介護1）、中程度の介護を要する（要介護2）と、判断される人は少なくありません。手厚い介護体制をとっている高齢者住宅は、基本的に入居時に要介護状態であることを入居条

件としています。どちらかわからない場合は、要介護度認定を受けておいた方が良いでしょう。

日常生活動作を把握する

合わせて、ADL（日常生活動作）を把握しておくことも必要です。

ADLとは「Activities of Daily Living」の略で、「食事は一人で食べることができるのか」「衣服の着脱はできるのか」「入浴はどのように行っているのか」など、食事、排泄、着脱衣、入浴、移乗移動、寝起きなど、日常の生活を送るために必要な基本動作を指します。

専門的な評価ではありませんから、特段の知識は必要ありません。「食事は一人で食べられるがむせることがある」「右半身に麻痺があるので、着脱衣は手伝っている」「トイレは一人で行ける」など、家族の視点で、現状の生活動作について把握、整理しておきましょう。

これは、ケアマネジメントや事故のリスクにも大きく関わってきます。

例えば、「トイレを失敗することがある」と言っても、その頻度が毎日なのか、週に数回なのか、この三ヵ月の間に一度、二度のことなのかによって対応は違ってきます。「最近、たまにおかしなことを言う」「最近物忘れがひどい」と言っても、その内容によって、正常な物忘れなのか認知症の可能性があるのか、その判断は変わってきます。また、骨折などの重大事故でなくても、「ベッドから降りる時に転倒したことがある」「こちらから言わないと、薬の飲み忘れがある」といった点も、高齢者住宅で安全に生活していく上では重要な情報です。

個人に合わせた環境作りが必要

住み慣れた自宅で訪問介護サービスを受ける場合は、生活の基盤は変わりません。入浴介助、食事介助等、できなくなったポイントに対して、ホームヘルパーの介助を受けるというのが基本です。これに対して、高齢者住宅に入居する場合は、その生活環境を一から整えていかなければなりません。

脳梗塞等で身体に麻痺がある場合、右半身麻痺か左半身麻痺かによって、開けやすい入り口ドアの向きは違ってきます。車いすの生活であれば、ベッドへの移乗の向きにも関わってきますし、電気のスイッチも操作しやすい低い位置でないと届きません。リウマチで手の指にこわばりがある場合、ドアノブの形状に注意することも必要でしょう。

建物設備を含めた生活環境を一から組み立てていくのですから、自宅で介護サービスを受ける時以上に、ADLや認知症の状態を、より細かく、正確に把握しておく必要があるのです。

その他、高齢者になると高血圧や糖尿病等の慢性疾患が多くなりますから、現在、日常的にかかっている内科・整形外科等の診療科目や飲んでいる薬についても、確認が必要です。

特に、病院や老人保健施設に入院・入所している場合など、家族のイメージや思い込みと、本人の状態がかけ離れているケースも多いようです。現在の時点で、どのような身体状態なのかを把握しておくことは、高齢者住宅選びだけでなく、入居後に豊かな生活を送るためにも不可欠です。

2 新しい生活への希望・不安

▼高齢者住宅でどのような生活を送りたいですか？
▼入居にあたって、どのようなことが心配ですか？

人間は、それぞれにこだわりや好みがあります。要介護状態になっても、どのように暮らしていきたいのかは、人によって違います。高齢者住宅で、自分らしく、楽しく生きていくためには、「どのような生活をしたいのか」「これからの生活で何を重視するのか」といった個別のニーズを整理しておく必要があります。

①どのようなサービスに重点を置くか

高齢者住宅は、特養ホーム等の施設とは違い、それぞれにセールスポイントが違います。漠然とサービスの内容だけを比較するのではなく、「少し高くても美味しいものが食べたい」「手厚い介護サービスを受けたい」「医療や看護が充実しているところ」など、どのサービスに重点を置いて選ぶのかを整理しておきましょう。

例えば、寝返りもできないほどの重度の要介護状態なのであれば、手厚い介護サービスを提供している介護付有料老人ホームを中心に選ぶことになるでしょう。糖尿病や高血圧など一般的な疾患だけでなく、何か固有の特別な病気がある場合は、協力病院や協力診療所で対応できるのかを確認することになります。

介護が充実しているというだけでなく、「認知症ケアに力を入れている」「医療依存度の高い高齢者ケアに力を入れている」「ターミナルケアに力を入れている」など、差別化を図るために、明確な指針を示している高齢者住宅も増えています。

②個別ニーズへの対応

入居者それぞれの個人的な希望、個別ニーズの整理も必要です。

例えば、高齢者住宅への入居によって自宅を引き払う場合、たくさんの衣服や備品がでてきます。収納がどの程度確保されているのかは重要なポイントです。特に、家族が遠方の場合は、夏服、冬服など衣服だけでも、相当の量になります。また、信仰しているお仏壇や神棚をどうしても持っていきたいという希望もあるでしょう。

現在、ペットを飼っている場合は、それをどうするのかという問題もでてきます。大型犬などは難しいでしょうが、ハムスターなどの小動物、小鳥や金魚など、どこまで持って行けるか、飼い続けられるかどうかは事業者によって違います。

高齢者住宅は施設ではありません。一律に規制するのではなく、感染症や火災などの大きなリスクがない限り、個別の希望にできるだけ対応しようという事業者は増えています。「カラオケが趣味」「庭にある鉢植えを育てたい」など、個別の希望や趣味にどの程度まで対応することができるのかは、一つひとつパンフレットに書いてある訳ではありません。

整理しておいて、見学時に確認しましょう。

③入居に当たっての不安・心配

もう一つ、重要なのが不安の整理です。

高齢者住宅への入居にあたっては、「引っ込み思案なので他の入居者に苛められないか」「頑固親父だけど他の入居者と上手くやっていけるか」など、漠然とした心配や不安は必ずあるはずです。入居者同士の人間関係など、入居前に聞いても仕方がないと思われるかもしれません。しかし、その質問に対する答え方や対応によって、その高齢者住宅の経験やトラブル対応力、誠意が見えてきます。

その他、心筋梗塞などでの急変や事故発生時の緊急対応、火災や感染症、協力病院との連携体制など、入居に当たっての心配ごとはたくさんあるはずです。「プロの集団だから大丈夫だろう」「入居しないとわからないことも多い」と曖昧にするのではなく、不安やリスクについては、小さなことでも、きちんと話し合っておくことが必要です。

満足のいく人生を遠慮なく選ぶ

以上四点挙げましたが、老後の生活において何を重点に置くかは人それぞれ違います。

他人から見れば、あまり重要でないように見えても、本人にとっては大切なこともあります。それを受け止めるのが高齢者住宅事業者の仕事です。また、これまではやりたくてもできなかった趣味や、要介護状態となってあきらめていた楽しみも、「高齢者住宅に入れば可能になる」ということがあるはずです。

高齢者住宅は、施設ではなく、個々の住居ですから、自分の生活をその事業者の規則に合わせるのではありません。介護が必要になっても、これまでの生活習慣を壊さずに、最後まで自分らしい生活を送ることができる高齢者住宅を選ぶという視点が大切です。

また、入居者本人から、入居後の不安や心配を聞くことができれば、「週に一度は必ず近くの長女が顔を出す」「月に一度は、外出してレストランで食事をする」「ペットは次男の家で預かる。訪問時に連れて行く」など、家族でもその対策を検討することができるでしょう。

個別の希望や不安を整理しておくことは、高齢者住宅を選ぶということだけでなく、入居後に豊かな生活を満喫するためにも、とても重要なのです。

3 本人の意向・その他家族の意見

▼本人や家族は、高齢者住宅への入居をどのように考えていますか?
▼感情的にならないように、話を進めていくことが大切です

高齢者の自宅での転倒事故や入浴中の死亡事故が増えています。孤独死や高齢者世帯の火災もニュース性が薄れるほど増加しています。また最近では「振り込め詐欺」や「マルチ商法」「リフォーム詐欺」などの事件が横行しており、その被害者の大半は高齢者です。

家族が高齢者住宅を探す理由も、「親の一人暮らしが心配」「そろそろ介護がないと生活できない」など、身体的な能力の低下や一人暮らしに対する心配や不安によるものが多くなっています。

しかし、軽度の認知症などが疑われる状態で、判断力が低下していても、最終的に入居するのかどうかを決定するのは本人です。そのため、高齢者住宅の入居についてどのように伝えるか、また高齢者住宅への入居の意志について確認することは、入居後の生活や精神の安定という面からも、非常に重要なポイントです。

家族の思いと本人の希望の違いを考慮

「自宅での生活は危険」「これ以上、自宅での介護は難しい」と家族が心配していても、住み慣れた自宅で生活できなくなることのショックは大きいものです。新しい生活を始めることの不安などから、現実から目をそむけたり、昔の養老院のイメージから高齢者住宅への入居を拒否する人も少なくありません。

これは、それぞれの性格や身体状況にも左右されます。長期の入院をしていたり、要介護状態が重いなど、自宅でこれ以上生活することが難しいと本人が理解している場合は話を切り出しやすいものです。しかし、自由気ままに生活している場合は、周囲の心配をよそに「まだ大丈夫」と話が進まないこともあります。

家族の思いと本人の希望には違いがある、ということを前提に検討しなければなりません。もちろん、そのような場合でも、本人が納得するまで探せないという訳ではありません。高齢者住宅のサービス内容は、大きく変化していますし、実際にどのような生活を送ることができるのか、どの程度のお金がかかるのかを事前に調べ、本人が納得できるように伝えることが大切です。

「今すぐではないけれど」「いざというときに慌てないように」と、近くにどのような高齢者住宅があるのか、パンフレットを取り寄せて調べているという家族も増えています。

入所は想像以上にデリケートな問題

他の家族や兄弟との連携も不可欠です。相談を受けた事例の中には、長男夫婦だけに介護負担がかかり、他の兄弟は、長男が見るのが当然で、お金が掛かる高齢者住宅なんてとんでもないと、将来的な遺産相続にまで話が及び、兄弟同士で絶縁状態になっているようなケースもあります。また、兄弟姉妹間で、「自宅で生活するのは難しい、高齢者住宅を検討しよう」と合意できていたはずなのに、直前になって一人の兄弟から「やっぱり……」と反対意見がでることもあります。介護問題は、本人だけでなく、家族の生活にも直結する大きな課題なのですが、同時に金銭や相続にも関わる、感情的になりやすい非常にデリケートな問題です。

最近では、介護が必要になれば、子供たちに介護されるのではなく、高齢者住宅を選びたいという積極的な高齢者も多くなってきました。

しかし、表面上は納得、理解していても、不安や心配は必ずありますし、疎外感を感じる人も多いでしょう。何とか説得して高齢者住宅に無理やり入居させても、体調を崩して入院となったり、精神的ショックから認知症になったりするケースもあります。

高齢者住宅での生活を有意義に過ごすためには、安心して本人が入居できるように、周りの家族はその意志や思いを汲んで、じっくりと話をすることが大切です。本人が納得していない場合は、すぐに解決することは難しいかもしれませんが、体験入居を勧めたり、他の兄弟や家族とも、しっかりとコンセンサスを取って、進めていくと良いでしょう。

4 支払可能額を試算する

▼高齢者住宅で必要になるお金は、月額費用だけではない
▼預貯金、年齢、家族の支援の可否などで支払可能額を計算

第一章で述べたように、高齢者住宅では、入居一時金、月額費用だけでなく、別途、さまざまな生活費が必要となります。高齢者住宅に入居して、一番困るのは、途中でお金が無くなって支払いができなくなることです。

「お金に糸目はつけない」という富裕層は別にして、月額費用や入居一時金をどのくらいまで支出できるのかは、高齢者住宅選びの基礎となるものです。

支払可能額を計算する場合の基本的な考え方と注意点について説明します。

①支払い原資（元手）の確認

支払いの元となる原資は、大きく分けて「預貯金等の金融資産」「年金」「家族からの援助」「その他収入」です。

ここで注意が必要なのは、「家族からの支援」です。数名の子供で足りない分を少しずつ補う

という場合、「足りないときはその時に考えよう」では、後でトラブルになることがあります。それぞれの子供・家族にも事情がありますので、無理のない範囲で、どの程度の金額ならば可能なのかを、最初にある程度決めておく必要があります。

「その他収入」は、アパート経営者の家賃収入や株式からの配当などが考えられます。ただし、株式や金融商品の配当は大きく変動するリスクがありますし、アパート経営などによる収入も、増減があります。それに大きく依存することがないよう、将来的に減る可能性がないのか、長期的視点から確認する必要があります。

②金融資産・預貯金を分類する

預貯金などの高齢期のお金の使い方として、現在の金融資産を三つに分けて考えることが必要です。一つは、子供や家族に残す（相続する）お金、二つ目は、入院による二重支払や制度変更の価格改定など臨時の出費に備えておくお金、そして三つ目が自分のために使うお金です。

また、夫婦で生活していて、そのうち一人が要介護状態になり高齢者住宅に入るという場合は、配偶者の生活費も合わせて考える必要があります。

お金は、あってもなくても揉める原因となるものですから、高齢者住宅に入居するにあたって、相続問題を家族の間で話し合って、ある程度方向性を定めるという人も多いようです。

③平均余命を勘案して計算

年金等の収入だけで、生活費を賄うことができる人は多くありません。

預貯金から毎月取り崩す必要がある場合、預金残高がマイナスにならないように、平均余命（平均寿命ではない）を考えておく必要があります。平均余命は、厚生労働省から出されていますので、参考にされると良いでしょう。ただし、若いほど誤差も大きくなりますから、年齢に合わせて余命の計算を上乗せしたり、臨時の出費に備える金額を多めに見積もるなど、計算に余裕を持たせることが必要です。

支払可能額の計算で、注意しなければならないことは二点あります。

一つは、計算で求めた金額は、高齢者住宅のパンフレットに書かれた月額費用ではなく、その他費用、医療費等を含めての、毎月の支払い可能額、限度額だということです。第一章で述べたように高齢者住宅の費用や価格は、事業者によって含まれるサービス内容が違います。

また、寝たきりでオムツ介助が必要になれば、紙オムツ等の介護材料費が必要になりますし、趣味や余暇を楽しみたいのであれば、その費用や交際費などが必要です。また、通院しているのであれば、月々の医療費も必要になるでしょう。

不測の事態でお金が足りなくなることもある

もう一点は、余裕を持って計算するということです。

モデルケースⅠ（男性　80歳）
（資金原資）年金収入　月額22万円
預貯金額　1000万円（家族への相続予定分をのぞく）
（内 臨時出費準備　300万円）
予想滞在期間（余裕を見て）　10年（120ヵ月）で計算

ケース①　入居一時金500万円の場合
月額の支払い可能額　23.6万円
※22万円＋{(1000万円－300万円－500万円)÷120ヵ月}
ケース②　入居一時金0万円の場合
月額支払い可能額　27.8万円
※22万円＋{(1000万－300万)÷120ヵ月}

モデルケースⅡ（女性　75歳）
（資金原資）年金収入　月額15万円
家族からの支援　月額3万円
預貯金額　1500万円（家族への相続予定分をのぞく）
（内 臨時出費準備　300万円）
予想滞在期間（余裕を見て）　17年（204ヵ月）で計算

ケース①　入居一時金500万円の場合
月額の支払い可能額　21.4万円
※15万円＋3万円＋{(1500万－300万－500万)÷204ヵ月}
ケース②　入居一時金　0万円の場合
月額の支払い可能額　23.8万円
※15万円＋3万円＋{(1500万－300万)÷204ヵ月}

図表　支払可能額の計算例

高齢者住宅は福祉施設ではありませんから、途中でお金がなくなっても減額措置はありません。余命計算は、気持ちが良いものではありませんが、途中で、費用の支払いが滞るということのないよう、また、やりたいことができなくて寂しい思いをしなくてもいいように、余裕をもって計画を立てることが必要です。特に、七〇代で入居する場合など、入居期間が長期に渡る可能性が高くなります。より十分なゆとりを持たせましょう。

最近では、老後資金のために、リバースモーゲージを取り扱う金融機関もあります。これは、自宅等の固定資産が多いけれども、自己資金が少ない高齢者を対象とした融資方法です。自宅を担保にして月々決まった生活資金を借り入れ、死亡時に自宅を売却して返済します。現在は、まだ十分に普及しているとは言えませんし、その適用は都市部に限られていますが、一度対象になるのかどうか、どのような制度なのか調べてみると良いでしょう。

第五章

高齢者住宅の中身を比較・検討・チェックする

高齢者住宅業界は、新しい産業です。そのため、サービスにおいても価格設定においても、「水準」「相場」というものが出来上がっていません。高額な入居一時金を払ったから、月額費用が高いからといって、それに見合った手厚いサービスが受けられるわけではありません。同様に、介護付だから、大手企業がやっているからといって安心だとは言えません。

ここでは、高齢者住宅選定においての建物設備の見方、各サービス内容、月額費用など、九つの項目に従って、要介護高齢者を対象とした高齢者住宅のチェックポイント、見学前に確認しておくべき事項について解説します。

視点I　建物・設備を見る

▼ケアとハードには大きな相関関係がある
▼どのような生活を送るのか、立地、建物設備をチェック

自立高齢者を対象とした高齢者住宅と、要介護高齢者を対象とした高齢者住宅は、その建物設備、備品の考え方、チェックポイントは基本的に違います。要介護高齢者を対象とした高齢者住宅の建物設備は、バリアフリーというだけでは不十分です。四つの点から、居住環境、建物設備を見るポイントを整理します。

①立地環境

最近は、街中や交通の便利な場所に立つ高齢者住宅が増えています。不動産ですから、一般的に立地条件の良いところは家賃や利用料が高くなります。

要介護高齢者の場合、重要になるのは、家族のアクセスです。車で訪問する場合は、駐車場の有無、台数の確認が必要になります。また電車やバスで訪問する場合は、最寄駅やバス停などのチェックが必要です。

高齢者住宅への訪問は、一ヵ月に一度、数時間滞在するというよりも、一五分、三〇分でも良いので、できるだけ頻繁に顔を見せるというのが理想です。「買い物のついでに……」「会社の帰りに……」「お稽古のついでに……」といった、他の日常生活の用事や生活上のルートに合わせて、気軽に訪問できるような場所が望まれます。

②生活動線・介護動線

高齢者の日常生活での動きを表す生活動線、介護スタッフの動きを表す介護動線のチェックも重要です。バリアフリーと言えば、フラットな床や手すりを思い浮かべる人も多いのですが、要介護高齢者には、「移動距離」「曲がり角」「エレベーター」も、生活する上で大きなバリアとなります。

介護のしやすさも同様です。事故予防やトラブルの早期発見は介護動線と直結しています。居室と食堂の位置関係を例に、生活動線、介護動線を見てみましょう。

現在の高齢者住宅は、食堂や浴室の配置から大きく三つのタイプに分けることができます。

次頁図のAタイプは、ユニット型とも呼ばれるものです。一〇名〜一五名程度の入居者が一つのユニットを形成しており、各ユニットに食堂やリビング、浴室が設置されています。食堂・リビングと各居室との位置が近いことから移動しやすく、新型特養ホームや最近の要介護高齢者を対象とした介護付有料老人ホームでは多く取り入れられている形です。

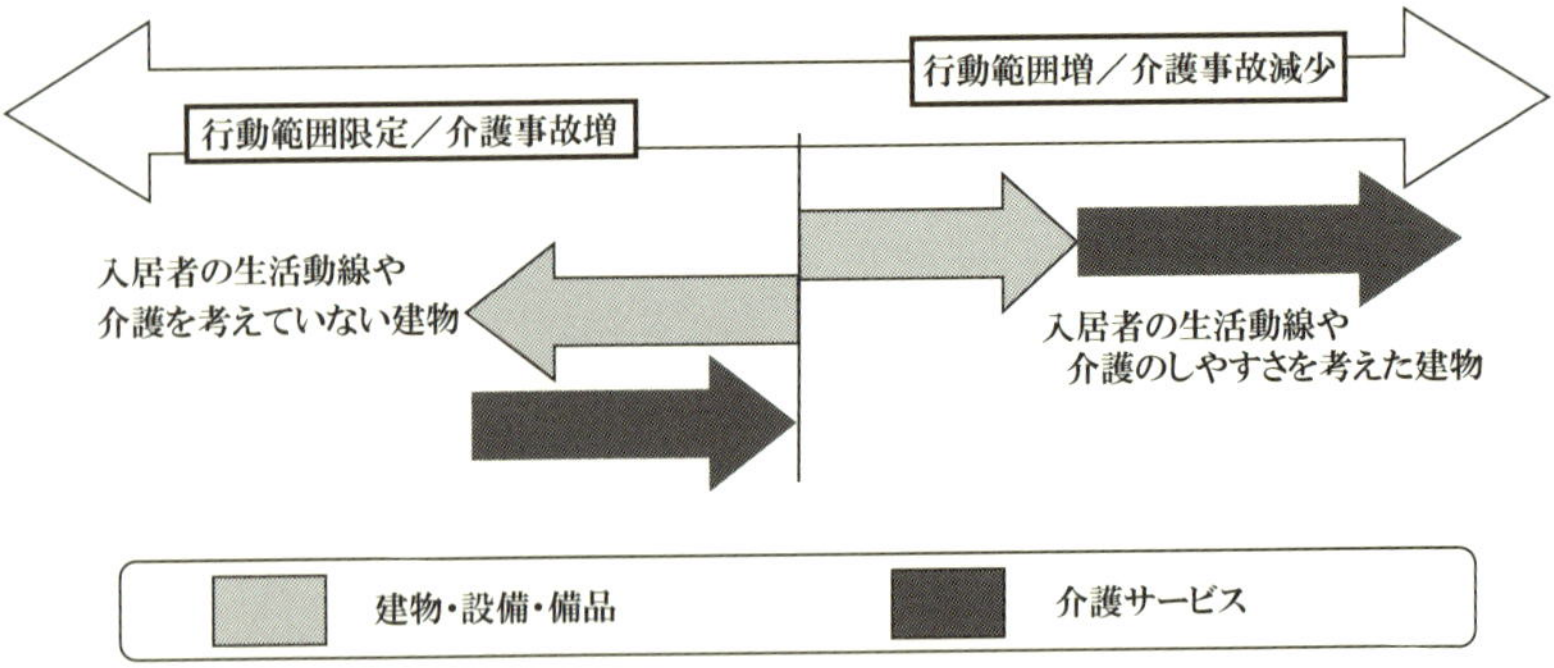

図表　建物設備と要介護高齢者の生活の関係

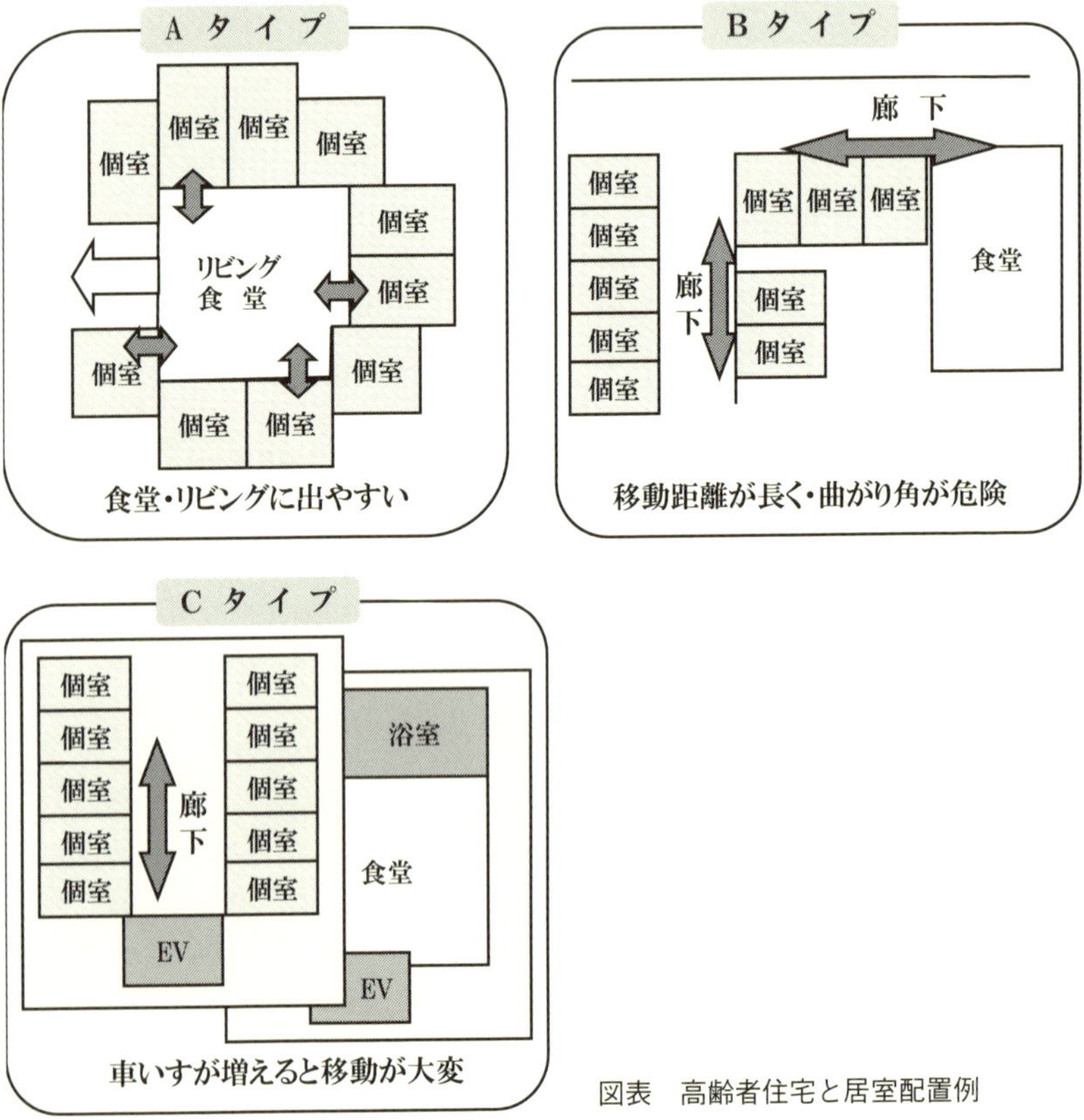

図表　高齢者住宅と居室配置例

Bタイプは、リビングや食堂は同じフロアーにあるものの、一体的ではなく、一部の居室からは離れているものです。要介護度が重くなると、居室の位置によっては、リビングや食堂への行き帰りに時間がかかり、介助が必要になります。

最後のCタイプは、食堂やリビング、浴室が別フロアーで、エレベーターでの移動が必要なものです。サ高住によく見られるタイプです。このCタイプの場合、特に注意しなければならないのは、エレベーターの容量です。入居者は四〇名、五〇名の定員なのにエレベーターが一台しかない場合、車いす移動の高齢者が増えると、食堂まで降りるのに多くの時間と介助の手間がかかります。またホール前が大混雑するため、挟み事故やぶつかり事故なども増えます。更に、万一、故障でそのエレベーターが止まれば、食堂まで降りることができなくなります。

生活動線や介護動線は、入居者の生活の質（QOL）や介護の手厚さにもかかわってきます。生活動線が単純で短かければ、車いすになっても居室に閉じこもることなく、行動範囲が広がります。逆に、介護動線や生活動線が混乱していれば、単純な移動にも介助が必要となり、排泄や食事など直接介助に手が回りません。また、Cタイプでは、スタッフがフロアーごとに分散されてしまいます。介護スタッフは、何度もフロアー間を移動することになりますし、特に夜勤帯には、事故やトラブルが発生しても気づくのが遅れてしまいます。

このように、建物配置を見るだけで、どこまでその事業者が入居者の生活上の動きや介護スタッフの動きやすさを考えているのか、その経験や知識、ノウハウが見えてくるのです。

③共用設備

要介護高齢者の生活で、重要になるのが、共用部・共用設備です。

高齢者住宅では、食事や入浴は共同の食堂や浴室などを利用します。そのため、車いすなどの要介護状態になっても、共用部や共用設備が使いやすいものであることが重要です。

まず食堂ですが、車いすの高齢者でも移動がしやすいように、通常の食堂と比較すると、より広いスペースが必要となります。出入口が狭かったり、テーブルの間隔が十分でなければ、車いすの高齢者が出入りできません。ぶつかり事故や挟み込み事故なども多く発生します。

共用トイレも、車いすでも利用できる広さを確保したバリアフリー仕様でなければなりません。通常の広さだと車いすが入らず、トイレの戸を開けたままで排泄することになります。車いすからの移乗やその介助も上手くできませんから、転倒、転落など事故の原因になります。

その他、廊下は車いすがすれ違うだけの十分な幅員があるのか、エレベーターの操作パネルは車いすに乗ったままでも使いやすい仕様になっているのかと言った点も、重要なポイントです。

入浴設備はチェックポイント

事業者のノウハウや経験が表れるのが入浴設備です。

入浴は、身体を洗うだけでなく、ゆったりとリラックスする高齢者の大きな楽しみの一つです。しかし、同時に転倒や溺水、火傷など、重大事故が多発する危険エリアでもあります。

高齢者住宅や高齢者施設における浴室や浴槽の考え方は、この数年で大きく変わっています。以前は、特養ホームでも、温泉のように複数の高齢者が一緒に入浴する大浴場のタイプが一般的でした。しかし、衛生面や安全面などから、要介護高齢者を対象とした高齢者住宅では、一般の住居と同じような個別浴室、個別浴槽のところが増えています。

また、要介護高齢者に対する浴槽は、「寝たままで入浴できる」「車いすのまま入浴できる」といった、入浴ロボットのような近未来的な機械浴槽が多く開発されてきました。しかし、高齢者からは、「怖い、落ち着かない」という声も多く、操作ミスによって入居者が挟まれたり、ストレッチャーから転落、死亡するなどの事故も発生しています。

そのため、最近は、見た目は一般のユニットバスと変わらないものの、車いすの高齢者でも入浴しやすく、安全に介助しやすいよう、細かく工夫された、より進化した浴槽が各メーカーからたくさんでてきています。

浴室や浴槽を十分に検討した事業者は、その他の介助場面のノウハウも高く、その機能や工夫のポイントについて、丁寧に説明してくれます。

見学では、実際に入浴している姿をイメージしながら、浴室や浴槽をチェックしましょう。

④居室内設備・使いやすさ

通常の賃貸マンションの場合、居室内に、トイレや洗面台、キッチン、浴室等、日常生活に必要な機能がすべて内包されています。一方の要介護高齢者を対象とした高齢者住宅の居室は、トイレと洗面、収納のみのものが多くなっています。見守りや声かけが必要となる食事や、特殊な浴槽を使用する入浴は、共用設備を利用するというのが一般的です。

また、要介護高齢者の場合、畳に布団を引くのではなく、基本的にはベッドを使用することになります。一八㎡、六畳程度といっても、その形状によって生活のしやすさは変わってきます。電動式などのベッドを置いても、車いすで生活するのに十分な広さは確保されているか、居室内のトイレも車いすのままで使用しやすい機能のものか、移動しやすい広さが十分に確保されているのかといった点を確認しなければなりません。

また、入居者が仏壇等を持ち込みたいと考えている場合は、その可否や置き場所の確認が必要です。家族が頻繁に訪問できない場合は、衣服なども多くなりますから、収納スペースの広さもしっかりと確認しましょう。

ドアやスイッチ、手すりひとつにもノウハウの差が出る

居室や居室内トイレの出入口のドアも重要なチェックポイントです。

高齢者に適したドアは、引き戸が基本です。通常の開き戸では、車いすになると上手く開閉できません。廊下を歩いていて、急にドアが開いて転倒するという事故も発生します。

手すりも重要です。「要介護高齢者には手すりが必要」「手すりが多いから安心」と安易に考え

がちです。しかし、手すりの端に服が引っかかり、転倒するという事故も多く発生しています。また、使いやすい高さや位置に設置されていなければ、使いづらいだけでなく邪魔で危険になることもあります。例えば、トイレは、「自立歩行・車いす」「右麻痺、左麻痺」「背の高さ」などによって、排泄時に必要な手すりの位置や高さは変わってきます。

そのため、最近では、居室内の手すりは、作り付けではなく、入居者の身体状況に合わせてその高さや位置が変更できるように工夫している高齢者住宅もあります。

その他、車いすに座ったままでも、電気のスイッチなどが手の届くところにあるのか、緊急時のスタッフコールの位置は適切かといった点にも注意が必要です。

以上四点挙げました。

このようにポイントがわかっていると、建物設備を見るだけで、要介護高齢者の生活や介護実務をどこまで深く考えているのか、そのノウハウや経験値が見えてくるでしょう。

この建物設備は、家賃や利用料などの価格設定にも関わってきます。

住宅サービスの対価は、主に、立地条件と建築面積によって決まります。一般の住宅の場合、同じ地域に立っていれば、「部屋の広さ」と「価格」を中心に比較することになります。

ただ、要介護高齢者を対象とした住宅の場合、共用部の面積が、居室面積の二倍程度は必要になります。合わせて、述べたように、エレベーターや入浴設備などの共用部の設備の仕様、使いやすさも必要です。居室面積だけを比較するのではなく、共用部の広さや生活動線なども総合的に勘案して、家賃や利用料などが適正かをチェックする必要があるのです。

視点Ⅱ　介護・看護システム

▼介護サービスの内容は、制度的な類型だけでは決まらない
▼介護サービスの内容をしっかり確認することが必要

高齢者住宅と介護保険制度の関係については、第二章で述べました。特定施設入居者生活介護、区分支給限度額方式など、制度的な類型は同じでも、介護スタッフ数などの介護システムはそれぞれに違います。

「介護付だから安心」「訪問介護が併設で安心」ではなく、適切にケアプランが策定されているのか、重度要介護状態になっても安定した介護が受けられるのかなど、介護サービスの量や質、内容について、しっかり確認する必要があります。

①ケアマネジメント

第一はケアマネジメントです。

制度的な区分、類型に関わらず、要介護高齢者が高齢者住宅で安心・快適に生活できるか否かは、ケアマネジメント、ケアプランによって決まります。入居者や家族のことを真剣に考えてくれる優秀なケアマネジャーは多いのですが、その一方で、第二章で述べた「囲い込み」「サービスの押し付け」「手抜きプラン」を平気で行うプロ意識の低い人もいます。

ケアマネジャー・ケアマネジメントの質を見極める三つのポイントを挙げます。

不安や希望を丁寧に聞いてくれるか

一つは、入居者、家族の希望や不安を、時間をかけて丁寧に聞いてくれるか否かです。

ケアプランは、それぞれの高齢者個別の生活ニーズを具現化するためにつくるものです。

同じ要介護3、右麻痺、車いすの高齢者であっても、それぞれに生活歴や性格は違います。その策定にあたっては、個々人の希望や不安を丁寧に聞き取るというところからスタートしなければなりません。

「引っ込み思案なので上手く溶け込めるか心配」「一週間に一度程度はお酒も飲みたい」といった事項も、ケアプラン策定には重要な情報です。

ケアプラン、ケアマネジメントに対する家族の理解も必要です。

「介護の専門家にお任せします」と言う家族がいますが、これは間違いです。どのような生活をしたいか、どのように生きていきたいかまで、「ケアマネジャーにお任せ」と言われても困ります。ですから、逆に「親身に聞いてもらえない」「話をしていても途中で遮られる」「サービスを押し付けてくる」というケアマネジャーは失格です。

「何でも相談してください」というケアマネジャーが優秀かと言えばそうでもありません。表面的な希望や不安は話ができても、「どこが問題なのか」「何が課題なのか」という問題の本質、原因は、本人や家族も気が付いていないことが多いからです。

ケアマネジャーは、介護のプロ、専門職です。言われたことを事務的に書面化、プラン化するだけではその役割を果たしているとは言えません、その不安や課題の本質や原因を上手く引き出し、発見、共有し、その解決のための方策を専門的な見地からプラン化するのが仕事です。

ケアプランでは、入居者・家族の希望や不安の解消が、「目標」という形で表示されます。目標が明確であり、入居者や家族の不安や希望が、簡潔、適切に記入されていれば、そのケアマネジャーはプロとして一定の能力を有すると考えてよいでしょう。

事故やトラブルについて習熟しているか

二つ目は、転倒や誤嚥、窒息などの生活上の事故について、詳細に検討しているか否かです。

身体機能の低下している要介護高齢者ですから、高齢者住宅に入居しても、優秀な介護スタッフが揃っていても、転倒や転落、誤嚥、窒息などの事故をゼロにできるわけではありません。受け身が上手く取れずに頭を強く打ったり、骨密度の低下等による骨折、死亡など、重大事故に発展するリスクも高くなります。

ただ、「安心・快適」の基礎となるのは、「安全」な生活です。ケアプランの重要な目的の一つは、生活上、その高齢者個別にどのような事故が発生するリスクがあるのかを予見し、その事故をどのように予防するのかを全員で検討することです。

介護付有料老人ホームでスタッフが二四時間常駐しているといっても、二四時間付き添っているわけではありません。「食事の内容を見直す」「ベッドから車いすの移乗時にはスタッフを呼んでもらう」「認知症のためセンサーマットで対応」など、身体の状態に合わせて細かに検討する必要があります。入居者個別に事故のリスクやその対応方法がどこまで積極的に検討されているのかが、ケアマネジャー、ケアプランの質を見極める重要なポイントの一つです。

ケアカンファレンスでの情報共有・説明力

三点目は、ケアカンファレンスです。

ケアカンファレンスは、サービス担当者会議とも呼ばれます。入居者、家族だけでなく、食事、生活相談、介護看護などの各サービス担当者が集まって、その入居者の希望や不安、生活上の課題を共有し、それぞれのサービス提供上の注意点を話し合う場です。

その会議を仕切るのがケアマネジャーです。

入居者の生活を安全で豊かなものにするには、要介護高齢者の身体状況、生活上の課題や注意点を、介護、看護、食事、生活相談、医師など全関係者で共有し、一つの目標に向かってチームとして対応しなければなりません。

これは、特定施設入居者生活介護でも、区分支給限度額方式でも同じです。

そのため、優秀なケアマネジャーはケアカンファレンスを重視しています。できる限り家族にも出席を求めてきます。特に、転倒・骨折などの生活上の事故は、発生時にトラブルになりやすいものです。ケアマネジャーも、ケアプランの内容、事故予防の方法を、入居者や家族に十分に説明して、理解してもらわないと困るのです。

ケアカンファレンスの実施は、制度的に義務付けられているものです。しかし、介護付有料老人ホームでも、「忙しいから」「スタッフが集まらない」と、行っていないのに虚偽の書類を作成しているような劣悪な事業者もあります。区分支給限度額方式の場合は、法人や事業所が分かれるために、より綿密な連携が必要ですが、サ高住の相談員も参加せず、ケアマネジャーと訪問介護の事業者だけというところもあります。

「お忙しいでしょうから、ケアプランに印鑑を押して返送してください」と一方的に言ってくるようなケアマネジャーは、ケアプランの検討も不十分で、内容も杜撰です。まともなケアカンファレンスも行われていないと考えてよいでしょう。

モニタリングの重要性を理解している

ケアプランは一度策定すれば終わりというものではありません。

特に、高齢者住宅への入居など、生活環境が大きく変わる場合には、当初のアセスメントでは見つからなかった生活課題がでてきます。そのため、新たな生活課題は発生していないか、目的の達成にむけて適切にサービス提供が行われているかを、日々の生活の中で観察していく必要があります。これをモニタリングと言います。

優良な高齢者住宅では、入居後一ヵ月程度で、ケアプランがしっかり適用しているのかを丁寧にモニタリングし、家族や入居者からの意見を聞いて、一から作り直しています。

その後も、半年に一度はケアプランが見直され、ケアカンファレンスでその半年間の生活上の変化やそれぞれの担当者が気付いたことが話し合われます。家族も、サービス上の疑問や生活上の不安について意見を述べることができます。

大きな変化がなくても、話し合うべきことは必ずあります。ケアマネジャーや各サービス担当者も、入居者や家族から話を聞く、大切な機会です。「大きな変化はありませんでした」としか言えないのは、モニタリングができていない証拠です。言い換えれば、その入居者の生活改善や質の高い個別ケアに興味がないということです。

要介護高齢者の生活はケアマネジメント、ケアマネジャーの質によって決まるといっても過言ではありません。ケアマネジャーが優秀なケアプランを策定している事業所は、介護サービスの内容も優良ですし、ケアプランが杜撰なところは、介護サービスも劣悪です。体験入居などを通じて、ケアプラン、ケアマネジャーの資質を十分に確認することが必要です。

②特定施設入居者生活介護

特定施設入居者生活介護の指定を受けた介護付有料老人ホームの介護システムをチェックする三つのポイントを挙げます。

夜勤のスタッフ配置・看護スタッフ配置を見る

一つは、介護スタッフ、看護スタッフの配置数です。

特定施設入居者生活介護の指定基準は、要介護高齢者三名に対して、介護看護スタッフ一名（【三：一配置】）です。より手厚い介護サービスを提供する場合は、それぞれ契約で、【二：一配置】【一・五：一配置】などと定められています。これによって、その高齢者住宅で働く介護看護スタッフ数がわかります（三九頁、介護付有料老人ホーム　介護看護スタッフ配置　例　参照）。ただし、これは全体のスタッフ数ですから、夜勤の介護スタッフ数、フロアー単位、ユニット単位の介護スタッフ数など、細かく見ていくことが必要です。

特に、注意が必要になるのは夜勤のスタッフ配置です。例えば定員五〇名の介護付有料老人ホームで、夜勤のスタッフ配置が二人しかいなければ、休憩もできず、相当なハードワークになります。また、「現在入居者が三〇名未満なので、一人の夜勤スタッフしかいない」と聞かされることがありますが、それでは、突発的な転倒事故や疾病の急変が発生した場合に対応できません。

日中や夜勤帯のスタッフ数が提示されているところがありますが、多くの場合、「入居者数が定員を満たしている場合」などと注釈が書かれています。必ず、現在の入居者数や実際に勤務している介護看護スタッフの人数を確認しましょう。

看護スタッフの配置についてもチェックが必要です。

たんの吸引、胃ろう、インシュリン投与など、医療依存度の高い高齢者を受け入れ可能としている事業者が増えています。しかし、医療依存度の高い高齢者に対応するためには、独自に手厚い看護師の配置を行わなければなりません。これらの医療行為は、家族であればできるものの、基本的には介護スタッフには認められていないからです（一部の医療行為については、介護福祉士で、専門の研修を受けていれば、認められるものもあります）。

日常生活において、医療、看護が必要な状態である場合は、実際に同様の医療依存度の高い高齢者が生活しているのか、夜間に医療行為が必要となった場合の対応はどうするのか等、その実務についてしっかり確認しましょう。

これは、医療の必要性の有無に関わらず、事業者の資質を見る上でも重要なポイントです。

医療依存度の高い高齢者に対応するために、二四時間看護師が常駐している高齢者住宅が増えています。それでも、ノウハウの高い優良な事業者では、入居判定において、状態が安定しているか、対応できるのかについて詳しく聞き取りが行われます。

安易に、「できないことをできる」とすると、入居者に迷惑がかかるだけでなく、働いている介護、看護スタッフにも大きな負担がかかります。体制が整っていないにもかかわらず、「要相談、対応可」としているような事業者は、介護や看護のノウハウだけでなく、介護看護に対する最低限の知識も、コンプライアンスの理解もないということです。

報酬加算の場合は、実際の取り組みを確認する

二点目は、報酬加算の体制です。

特定施設入居者生活介護の介護報酬は、要介護度別の単価に入居した日数を掛け合わせて算定します。ただし、基本報酬だけでなく、各事業所で国の定めた一定の高い基準に達している場合、報酬加算を算定することができます。

例えば、サービス提供体制強化加算は、介護福祉士や常勤スタッフの割合、長期勤続職員が高い事業所に対して加算を認めているものです。「サービス提供体制強化加算（Ⅰ）イ」は、介護福祉士の割合が六〇％以上である事業所、「サービス提供体制強化加算（Ⅱ）」は常勤職員の割合が七五％以上である事業所に対して加算されます。

その他、夜間の看護体制や認知症高齢者に対する取り組みを評価した加算もあります。

報酬加算を算定している事業者の場合は、その根拠や、実際にどのような取り組みを行っているのか、見学時に質問し、確認するのが良いでしょう。

個別の介護ができる体制か

もう一つは、介護システムです。

介護保険が始まるまで、多くの特養ホームでは、「介護スタッフが集団で、入所者の集団に、集団的に介護する」という集団介護の手法が主流でした。時間を決めての一斉トイレ介助、流れ作業の入浴介助など、起床から就寝まで、食事、入浴、レクレーション、喫茶まで、ホームの決めた日課に沿って、集団的に行動して介護を受けるというケア方法がとられてきました。

しかし、このような方法では、個々の生活リズム、生活スタイルは無視され、個別の希望はほとんど埋没してしまいます。

その反省から、個々の入居者に合わせた、小さなユニット単位での個別ケアに取り組む特養ホームや介護付有料老人ホームが増えています。そこでは、フロアーやユニット単位で介護スタッフを限定し、入居個々人の生活スタイル、個別ニーズに合わせたサービスが提供されています。起床時間も、個々の生活リズムに合わせたり、トイレの介助も一斉に行うのではなく、排泄の間隔をデータ化して、個人の生活リズムに合わせて行われるようになっています。

このユニットケアは、建物設備がユニット型であることと関係はありません。

この個別ケアやユニットケアに積極的に取り組んでいる事業者は、「介護付だから安心」ではなく、必ず詳細にその内容について説明してくれます。ユニット単位のスタッフ配置やどのような取り組みを行っているのか、その内容を確認しましょう。

③区分支給限度額方式（通常の訪問介護）

サ高住や住宅型有料老人ホームなど、区分支給限度額方式をとる高齢者住宅では、訪問介護や通所介護、居宅介護支援（ケアマネジャーの事務所）を併設するところが増えています。入居者にとっても、同じ建物内に訪問介護や通所介護の事業者があると安心です。同一法人、関連法人内で運営することにより、サービス変更が必要になった時に、臨機応変に対応ができる、連携やサービス管理がしやすくなるというメリットもあります。

しかし、第二章で述べたように、この併設サービスを無理やり使わされる、区分支給限度額一杯までケアプランが組まれるという「囲い込み」の問題も発生しています。中には、併設の訪問介護しか使わせてもらえない、無理やり起こされてデイサービスに週に四回も五回も行かされるというところもあるようです。

自由に介護サービスが選択できる環境にあること

第二章で述べたように、区分支給限度額方式は、訪問・通所、介護・看護・リハビリなど多様なサービスを個人の生活ニーズに合わせて自由に組み合わせて使えるというところが最大のメリットです。中でも、訪問介護、訪問看護、デイサービス、リハビリ系サービスは必須です。また、それぞれ複数の事業者から、気に入った所を選択できるのが理想です。

区分支給限度額方式を採る高齢者住宅の場合は、まず、併設サービス以外のサービスも自由に使えるのか、実際に入居者は自由に使っているのか、限度額一杯まで利用させられるようなことはないのかといった点をチェックする必要があります。

また、通常の訪問介護の場合、ホームヘルパーが常駐していても、緊急的なサービス変更を含め臨時のケア、隙間のケア、見守りや声かけなどの間接介助は介護保険の算定対象外です。これらの対象とならない介助について、どのように対応しているのか、そのためのスタッフは別途配置されているのか、夜間帯を含め急変時のサポート体制はどうなっているのかといった点を、確認しなければなりません。

「併設事業所のヘルパーが対応します」「誰か余っているホームヘルパーがいれば対応します」というだけでは、サービスとしてはあまりにも不安定、不透明です。またその前提として、併設の訪問介護をたくさん利用しなければならないというのも、コンプライアンスの視点からは問題があります。

低価格を売りにしているサ高住は特に注意が必要

特に、低価格を売りにしているサ高住、住宅型有料老人ホームは注意が必要です。

区分支給限度額方式は、特定施設入居者生活介護のように「生活相談サービス」「サービス管理」は介護報酬に含まれていません。「臨時のケア」「隙間のケア」「間接介助」も介護保険の対象にはなりません。それらの生活相談サービス、介護サービスにかかる人件費などの費用は、別途入居者から、徴収しなければなりません。そう考えると、本来、区分支給限度額方式をとる、サ高住や住宅型有料老人ホームの月額費用・入居者負担は、介護付有料老人ホームよりも高くなるはずです。

低価格の高齢者住宅の多くは、家賃や食費を低価格に抑えて入居者を集め、介護保険や医療保険を集中的に使わせて利益を上げようという「囲い込み」が前提となっています。このような押し売り介護や押し付け医療は、社会保障費の使い方として問題があるだけでなく、サービスレベルも劣悪です。

更に、社会保障財政がひっ迫する中で、長期安定的に継続できるビジネスモデルではありません。指導や監査が入ると不正請求だと認定されるようなケースも多く、「適切にケアプランを策定しなさい」「囲い込みはやめなさい」と指摘されるだけで、経営できなくなります。制度変更が行われると、突然倒産したり、高額の値上げが求められることになります。

④区分支給限度額方式（定期巡回随時対応型訪問介護看護）

述べたように、区分支給限度額方式による通常の訪問介護は、入居者個別契約の出来高算定です。ケアマネジャーが策定したケアプランで示された内容、介助時間を遵守するのが原則です。「一四時～一四時三〇分　訪問介護（排泄介助）」と指示されていれば、ホームヘルパーがそこに三〇分常駐しなければなりません。臨機応変に対応するのが難しく、加えて、隙間のケアや臨時のケアへの対応、安否確認などのサービスも対象外です。

これらの課題に対して、「訪問介護」「訪問看護」に限って、これまでの出来高算定ではなく、定期的巡回や随時対応、随時訪問（臨時ケア、隙間ケア）にも柔軟に対応できる一ヵ月単位で包括的に算定した介護報酬が設定されています。これを「定期巡回随時対応型訪問介護看護」と言います。この事業所を併設した高齢者住宅も増えてきました。

この包括算定の定期巡回随時対応型は、「A　訪問介護だけ」「B　訪問介護・訪問看護ともに同一事業者によって提供」「C　訪問介護・訪問看護は別事業者の連携」という三つのタイプがあります。

いずれも、包括的に算定されるのですから、通常の訪問介護と違い、臨機応変に対応できますし、費用面においても、「いつの間にか限度額を超えてしまい請求書を見て驚いた」ということにはなりません。

スタッフが必要数いない場合も

しかし、この介護報酬には、特定施設入居者生活介護のように、「要介護高齢者三名に対して一名のスタッフ配置」といった最低基準がありません。「事業者で必要数を確保する」という規定に留まっています。そのため、日中、夜間など、何名の介護スタッフが常駐しているのか事業者によって異なりますし、すぐに対応してもらえるのかも不透明です。また、Cの訪問介護と訪問看護の連携タイプも、どのように連携しているのか、それぞれに確認しなければなりません。

この定期巡回随時対応型訪問介護看護においても、「柔軟に対応します」「臨機応変に対応します」という説明だけでは不十分です。どのような介護システムなのか、日中・夜勤に必要なスタッフ数は確保されているか、緊急時にどのように対応するのか、その体制は十分なのかを確認しなければなりません。

ここまで、介護看護サービスのチェックポイントを、「ケアマネジメント」「特定施設入居者生活介護」「区分支給限度額方式」などに分けて、整理をしてきました。「介護付だから安心」「訪問介護併設で安心」というほど単純ではないことがお分かりいただけるかと思います。どの類型を選ぶにしても、高齢者の生活、個別ニーズを第一に考えられているか、介護や看護、ケアマネジメントの専門性を十分に発揮できる体制にあるのかを、厳しくチェックする必要があるのです。

視点III　医療体制・協力病院

▼形だけ・名前だけの提携病院では意味がない
▼提携病院の質や、実際の連携メリット・実務について確認

高齢期は、生活習慣病である高血圧や糖尿病など慢性的な疾患が多くなります。医療は、高齢者にとって介護同様に、日常的に必要なサービスの一つです。ただし、高齢者住宅は病院や医療機関ではありませんから、外部の医師や協力病院と連携する必要があります。

ほとんどの高齢者住宅では、診療所や病院との提携をアピールしています。しかし、その一方で、入居者に対する調査では、医療機関との連携に対する不満が大きいという結果がでています。それは、実際の提携や連携のメリットが目に見えず、入居者からすれば医療機関が限定されているだけで、その提携に意味を見いだせない入居者、家族が多いからです。

また、介護同様に、医療の押し売り、囲い込みのトラブルも増えています。

医療体制・協力病院を見る三つのポイントを挙げます。

図表　「かかりつけ医」と協力病院の連携

①協力病院とかかりつけ医のシステム

一つは、協力病院との連携体制です。

高齢者住宅における医療連携については、地域の総合病院か、もしくは近隣の診療所が指定されている場合が多いのですが、それぞれにメリット・デメリットがあります。

総合病院の場合、さまざまな診療科目が揃っており専門的な医療ニーズや入院などにも対応できます。しかし、医師や医局が診療科ごとに分かれていることから、きめ細かな連携や調整が難しくなります。これに対して、近隣の診療所は、訪問診療を含め、きめ細かな対応が可能となりますが、反面、入院加療はできませんし、専門的な検査や医療ニーズにも対応できません。

そのため、最近増えているのが、双方と連携した高齢者住宅の「かかりつけ医」システムです。入居者の日頃の健康管理や診察は、診療所が行い、専門的な診察や入院等が必要となった時に、「総合病院」へとつなげていきます。

「病院」「診療所」どちらの機能も必要

かかりつけ医のシステムは、要介護高齢者にとってはとても有効です。

介護保険の要介護度認定の意見書を策定したり、医療依存度の高い高齢者の場合は医師にケアカンファレンスにも参加してもらえます。身近な存在ですから、「薬の飲み忘れ」「頭の痛みが続いている」といった時にも、電話等でアドバイスを受けられます。

総合病院との連携にも、かかりつけ医が活躍します。

最近は診療報酬の体系から、病院から早期に退院を迫られるケースが増えています。連携が取れていない場合、病院からは退院を迫られ、高齢者住宅ではその状態に対応できないからと、再入居を拒否されるというケースもあります。

かかりつけ医と協力病院、高齢者住宅、三者の連携がしっかり取れていれば、退院の可能性を考えながら、身体状況の変化に対応して事前に要介護度の変更やケアプラン（介護サービス計画）を見直し、余裕をもって受け入れ態勢を整えることが可能です。

②かかりつけ医・協力病院の診療科目・連携実務

二点目は診療科目や連携実務の確認です。

かかりつけ医は、内科だけ、外科だけといった専門的な医師ではなく、診療科目を超えて、疾病の早期発見、予防医療などさまざまな疾病に対応できる医師であることが必要です。また、入れ歯の調整や口腔ケアなどを行う歯科医や認知症ケアの精神科医との連携も重要になります。

一方の協力病院には高い専門性が求められます。循環器、消化器、呼吸器、泌尿器、整形外科、皮膚科等の疾病も、高齢者は関係が深いですし、耳鼻咽喉科、眼科も重要です。特に、何か特別な疾患にかかっている場合は、通院時の介助とも大きく関係しますから、その協力病院で診療、対応できるか否かの確認が必要となります。

形だけの協力関係もある

また、実際に、協力病院等とどのような連携実務を行っているのか、その内容も重要です。入居者が入院した場合、入居者や家族の立場に立って、その病状確認や退院に向けての調整などを積極的に行っている高齢者住宅もあります。その一方で、入院者は病院に任せきりで実質的な連携は何もないというところもあります。

その他、家族が近くに住んでいない場合は、入院時にも、衣服の洗濯や必需品の購入などが必要になります。どのようなサポートが受けられるのか、有料か無料かといった確認が必要です。

また、通院においても、スタッフに付き添ってもらえるのか、送迎はしてもらえるのか、夜間の急変時にはどうするのか、その費用は別途必要なのか等も対応を含めて確認しましょう。

③過剰診療に対するチェック

最近では、「かかりつけ医」として、同一敷地内や建物にテナントとして診療所が入るなど、医療対応に力を入れる事業者が増えてきました。生活習慣病やターミナルケア（看取り介護）など、高齢者住宅と医療の連携は、これからの大きなテーマの一つです。

しかし、連携実務と同様に、もう一つ、苦情やトラブルが多いのが過剰診療の問題です。一部の高齢者住宅では、これまでかかったことのない眼科や歯科、精神科など必要とは思えないような診療が繰り返し行われています。これまで自宅では、数種類の薬しか飲んでいなかったのに、毎日十数種類の薬を飲まされ、副作用で、いつ行っても、眠そうにボーっとしているというケースもあります。

これは介護保険の「囲い込み」と同じです。入居費用は安くても、不必要な医療保険や介護保険が搾取されることになります。高齢者住宅に入っている診療所の医師の中には、本人を直接、診察することもなく、看護師や介護スタッフから話を聞いて薬だけを処方しているような人もいます。

これを防ぐには、家族やケアマネジャーに対して、その医療行為の必要性や診察内容が、適切に開示されていることが必要です。要介護高齢者の場合は、本人が理解できないことも多く、薬の内容が変更、追加になる場合は、その理由や副作用などについて、家族にも丁寧に説明されなければなりません。

ケアカンファレンスには医師が同席するのか、行われている診療や投薬内容について、医師と家族が話をする機会が定期的に設けられているのかなども、重要なチェックポイントです。

視点Ⅳ　食事・生活相談、安否確認サービス

▼どのような契約形態で提供されているのか
▼個別ニーズ・個別の希望にどこまで対応できるか

高齢者住宅内の生活支援サービスは、介護看護だけではなく、食事、生活相談など多岐にわたります。特に、要介護高齢者を対象とした高齢者住宅では、食事、生活相談、安否確認の三つのサービスは、快適に生活するためには不可欠です。

それぞれのチェックポイントについて、整理をします。

①食事サービス

要介護高齢者は基本的には自分で調理することはできません。また、窒息や誤嚥を予防するために食事中の見守りが必要となります。そのため、有料老人ホーム、サ高住に関わらず、各居室内ではなく、入居者が食堂に集まって食べるというのが基本です。パンフレットには、栄養計算された美味しそうな料理の写真が載っていますし、「魚料理・肉料理」「朝食はパン・ご飯」など、事前に選択できるところもあります。

この食事サービスは、大きく「栄養管理」と「調理」に分かれます。

食事は、単に美味しいということだけでなく、栄養バランスが必要になります。特に糖尿病や高血圧、腎臓病などで、減塩やカロリー制限が必要な食事を一人ひとりの状態に合わせて作るには、栄養士、管理栄養士といった資格を持った栄養管理の専門職が必要です。

疾病に合わせた食事を、一般的に「治療食」と言います。

もう一つは、調理です。調理は、栄養計算された食事に基づいて、調理師が行います。ただし、咀嚼力、嚥下力が低下した要介護高齢者は、窒息や誤嚥が多くなりますから、食べやすい、飲み込みやすいように、加工することが必要となります。

介護食の進化　食べてみることをおすすめ

これらを一般に「介護食」と呼びます。

以前は、噛む力が弱い人には「具材を細かく刻む」といった単純な対応でした。しかし、高齢者は唾液が少なくなるため、入れ歯と歯茎の間に挟まったり、食材が口の中でパサパサ、バラバラになり、気管に入ってむせるなど、誤嚥性肺炎の原因にもなっていました。

近年は、この介護食の調理技術が急速に進化しています。

魚や野菜をそのまま刻んだり、ペースト状にするだけだと、見た目も悪く食欲を減退させてしまいます。そのため、野菜や肉などの形はそのままで、柔らかさだけをコントロールするような調理方法も開発されています。

これら「治療食」「介護食」を含め食事サービスに力を入れている事業者は増えています。疾病や嚥下機能、咀嚼機能が低下している場合、どのような食事が提供されるのか質問し、見学や体験入居などで、契約前に、家族も一緒に食べてみることをお勧めします。

ただ、このような介護食や疾病に合わせた治療食を依頼する場合、パンフレットの食費以外に別途費用が必要となる事業者もあります。合わせて確認しましょう。

食事の提供体制にも注意が必要

この食事サービスで、もう一つ確認しておかなければならないのは、食事サービスの提供主体です。この「栄養管理」「調理」を高齢者住宅で直接行っているところもあれば、一部を委託しているところ、両方を委託しているところなど、その形態は大きく四つに分かれます。

次頁図表のケース①は、高齢者住宅事業者が管理栄養士、調理師などを自ら雇用し、入居者に提供しているものです。

ケース②は、高齢者住宅の栄養士が栄養価計算などの栄養管理を行い、調理に関しては、給食業者に委託しているもの、ケース③は、栄養価計算、調理両方を給食業者に委託しているものです。ただし、どちらも、入居者の契約主体は高齢者住宅ですから、高齢者住宅事業者の責任で食事サービスが提供されます。

	ケース①	ケース②	ケース③	ケース④
栄養管理	高齢者住宅	高齢者住宅	給食業者	給食業者 （レストラン）
調　理	高齢者住宅	給食業者	給食業者	給食業者 （レストラン）
契　約	高齢者住宅	高齢者住宅	高齢者住宅	給食業者 （レストラン）

図表　栄養管理・調理・契約体系の分類

これに対して、ケース④は、栄養管理、調理ともに給食業者や併設のレストランが行うものです。契約も高齢者住宅ではなく、個々の入居者とレストランとの契約によって提供されます。中には、弁当のような宅配のところもあります。

この契約形態が重要なのは、「食中毒」「給食業者の倒産」などトラブルの発生時に、その対応責任が変わってくるからです。最近は、サルモネラ菌、ノロウイルス、O157などの食中毒の発生が増えています。これらが発生した場合、少なくとも、数日間は食事の提供ができなくなります。しかし、要介護高齢者ですから、「その間は、近隣のレストランに食べに行こう」ということはできません。一日、一食も欠食はできませんから、万一の場合の代替策を、事前に検討しておかなければなりません。

②、③のような給食業者の場合、万一、食中毒が発生した時にも給食業者間で代替できるように協力体制を採っているところが多いようです。逆にケース①、ケース④の場合は、どのように対応するのか確認が必要です。

特に注意が必要なのが④です。契約形態が、テナントのレストランと個々の入居者との個別契約であり、高齢者住宅が、食事サービスの提供責任を負っているわけではないからです。「食事の事業者にお任せしています」「個別契約なので高齢者住宅には関係ない」ということでは、いざという時に食事が止まることになります。

これは、食中毒だけでなく、給食業者やレストランの倒産も同じです。どのような契約形態になっているのか、万一の場合にどのような対策が採られるのか、高齢者住宅事業者はどのように考えているのかを、確認する必要があるのです。


食事は、高齢者の楽しみであると同時に、不満や苦情が多いサービスの一つでもあります。季節感を取り入れたり、定期的にイベントを開催し、目の前で調理するなど、食事の楽しみを最大限に引き出そうと努力している事業者は増えています。

ただ、全ての高齢者の好みに合わせることはできないため、「味が濃い・薄い」など、どの事業者でも対応に苦慮しています。そのため定期的にアンケートを取ったり、入居者、家族に集まってもらい、食事やメニューに関する懇談会を開催しているところもあります。

食事サービスは「美味しい・豪華」というだけでなく、高齢者住宅事業者の経営体質や努力、取り組みがあらわれる、わかりやすいポイントのひとつだといえます。

②生活相談サービス

生活相談は、日々の相談だけでなく、入居者と家族、高齢者住宅事業者、更には外部の行政機関や各種サービス事業者をつなぐ窓口です。特に、要介護高齢者の場合、本人が電話や連絡がで

高齢者の生活に関わる各種相談対応	① 他の入居者や家族・職員との人間関係に関する相談 ② 健康や介護、医療に関する相談 ③ 高齢者住宅での生活支援サービスに関する相談・意見・苦情 ④ 介護看護サービス・かかりつけ医に関する相談・意見・苦情 ⑤ 食事サービスに関する相談・意見・苦情 ⑥ 公的制度・行政手続き等に関する相談 ⑦ 金銭管理に関する相談　……など
周辺環境・社会資源との調整	①周辺の介護・福祉・医療サービスの情報収集、紹介・連携 ②各種サービス（美容院や小売店等）の情報収集、紹介・連携 ③金銭や遺言、相続などに関わる専門的な相談に対応できるよう、周辺の税理士や弁護士などの情報収集、紹介・連携 ④行政やNPO法人が行っている各種高齢者向けサービス、イベントなどの情報収集、広報・紹介・連携
各種サービスの適用の確認	①入居者が受けている各種サービス（介護看護・食事・医療）の種類・内容・頻度等が適切なものかの、確認・チェック ②個々の入居者が受けている各種サービスが適切ではない場合、入居者の意向を確認した上で、変更や改善を求めていく。

図表　生活相談サービスの内容

きないことが多く、その役割は非常に重要です。

一般的に、生活相談サービスの中に含まれる内容としては、次のようなものがあります。

生活相談は、各種相談や社会資源との調整だけでなく、各種サービスが適切に行われているのかというサービス確認も重要な業務の一つです。

高齢者住宅は、家族がそばにいないこと、本人の判断力が低下していることなどから、劣悪な介護や医療の押し売りが行われやすいという特徴があります。それを防ぐためには、高齢者住宅事業者が、家族に代わって、入居者に対して適切に各種サービスが提供されているのかをチェックする、サービス確認機能を有する必要があります。

ケアプラン策定にあたっては、入居者、家族の視点で、日々の生活状況を把握しケアカンファレンスに参加すること。介護や医療サービスが、正確、適切に提供されているのかを確認すること。「囲い込み」「不適切な医療行為」が行われている場合、入居者や家族の意向を確認した上で、変更や改善を求めること、などが、その業務の中身です。

生活相談サービスに、このサービス確認の機能がない高齢者住宅は失格です。

このサービス確認を含め、高齢者の生活に関わる各種相談を行うためには、介護や医療、関連する制度に関する知識や経験が不可欠です。ケアマネジャーや食事や介護サービス事業者など、サービス間の調整力も必要になります。高齢者住宅内で、トラブルや事故が発生したり、サービスに対する意見や不満があれば、この生活相談員が窓口となります。

生活相談は高齢者住宅の専任・専属が基本

しかし、残念ながら、すべての高齢者住宅で、表に示したような生活相談が行われているわけではありません。「生活相談員を配置すること」というだけで、その業務内容、サービス提供責任について、法律や制度で決められているわけではないからです。

特に、サ高住の生活相談員は、制度上、併設サービスとの兼務も可となっています。そのため、併設された訪問介護サービス事業者のスタッフが、生活相談員を兼務しているところもあります。

しかし、サ高住の職員でなければ、「訪問介護のサービスに不満がある」「食事が美味しくない」といった基本的な不満や相談に、入居者や家族の立場で対応、調整することができません。サービス提供上の事故やトラブルが発生した場合も、中立でさえなく、その立ち位置が一方的なものになります。

「何でも、いつでも相談してください」という相談員は多いのですが、業務内容が決められていない場合、「相談しなければ何もしない」ということと同じです。実際には、「ケアカンファレンスも参加しない」「介護サービスは個人契約なのでサ高住には関係ない」という相談員も少なくありません。「囲い込みではないか」と相談したくても、その訪問介護事業者が生活相談員を兼務しているので、言い訳や代弁ばかりで話にならないというケースもあります。

生活相談員は、サ高住、有料老人ホームの事業者に直接雇用された常勤、専任のスタッフであることが必要、必須です。

一般的には、入居説明や見学対応をしている人が生活相談員であることが多いようです。その高齢者住宅の職員なのか、介護保険や医療に関する知識は十分か、信頼に足る人物なのか、介護や福祉に関わる資格をもっているのかを確認しましょう。

また、その勤務時間も、事業者によって違います。家族の都合によっては、土曜、日曜しか訪問できないこともあります。生活相談員の勤務日や相談時間についても確認しましょう。

③状況把握・安否確認サービス

状況把握・安否確認サービスも、生活支援サービス同様に、有料老人ホーム、サ高住に関わらず必要なサービスとして義務付けられているものです。

定期的な安否確認	・契約（自立高齢者）やケアプラン（要介護高齢者）などによって、入居者やその家族とあらかじめ定めておいた内容・方法・時間で、毎日定期的に安否確認を行うもの。 ・風邪や発熱など体調が良くないときは、定期訪問に加え、状態に応じて訪問や確認の頻度を増やすなどの対応が求められる。
緊急通報コールへの随時対応	・各住戸内や共用浴室・脱衣室などに設置された緊急通報装置からのコールに対して、呼び出し元に駆けつけ、安否確認・随時対応を行うもの。
事故・急変など緊急時の対応	・事故や急変などの緊急事態に対し、初動期の対応（救急対応、救急車の出動要請、医療機関への連絡・搬送、家族や身元引受人への連絡など）、及び事故後の対応（家族や身元引受人への説明、行政への報告、原因把握・改善策の検討など）を行うもの。
継続的な情報把握	・上記の安否確認、随時対応、緊急対応で行った内容を整理し、入居者個々人の心身の状態や変化について継続的に状況把握を行うもの。 ・要介護高齢者には、状況把握を基礎としたケアプランの策定（モニタリングやケアカンファレンスなど）への協力・対応

図表　安否確認・状況把握サービスの内容

一般的に、安否確認サービスの中に含まれる内容としては、次のようなものがあります。

定期的な安否確認は、①直接的な確認（訪問・電話など）②生活行為・動作による確認（食事、新聞、郵便物、ごみだしなど）③機器・装置による確認（センサーなど）④介護保険サービスによる確認（訪問介護の利用時等）などが考えられます。要介護高齢者の場合は、主に日々の排泄介助や食事介助などの中で合わせて、事故や疾病の急変がないか等を確認することになります。

ポイントになるのは、「緊急通報コールへの随時対応」「事故・急変時などの緊急対応」です。安否確認サービスは、ただ単にその安否を確認するものではなく、異常を発見した場合の対応力が重要だからです。

介護付有料老人ホームの場合は、二四時間介護スタッフが常駐していますので、コールを押せば、介護スタッフが対応します。

これに対して、区分支給限度額方式の場合、誰が対応するのかは事業者によって違います。高齢者住宅に専任・専属のスタッフがいる場合もあれば、「併設の訪問介護スタッフが対応する」というところもあります。ただ、第二章で述べたように、特定施設入居者生活介護と違って、通常の訪問介護は個人の介助時間が厳格に定められています。ホームヘルパーの訪問介助の時間中は対応できません。「手が空いていれば対応します」というのは、「忙しければできません」ということです。それでは、緊急時には間に合いませんし、サービスとして非常に不安定です。

日中だけでなく、夜間にも急変や事故は発生します。対応する介護スタッフや緊急対応のスタッフが常駐しているのか、その配置は十分なものなのか、どのような対応をしてくれるのかを確認しなければなりません。

実際、救急車の手配や、付添いの有無、協力病院への連絡などが、マニュアル化されているところもあれば、「その時々に応じて、スタッフが臨機応変に」と言うだけで、実質的に何も決まっていないところもあります。
②で述べた、生活相談サービス同様に、「状況把握・安否確認サービスとは何か、何をすべきか」について、法律や制度で明確に決められているわけではありません。また、併設サービスとの兼務も可となっていることから、事業者によってその体制、サービスの質に大きな差があります。
そのサービス内容、サービスの質は玉石混淆ですから、「二四時間スタッフが常駐しています」

「安否確認サービスで安心」「すぐにスタッフが駆けつけます」ではなく、その体制、中身をしっかりとチェックする必要があるのです。

視点Ⅴ　月額費用を見る

▼毎月必要となる生活費を算定しよう
▼入院時にも掛かる費用や費用改定の手続きについても確認

高齢者住宅は、まだ新しい事業ですから、「価格の相場」というものが、まだ出来上がっていません。同一地域でサービス内容が同程度であっても、価格設定はバラバラです。

三つの点から、高齢者住宅の月額費用の見方について解説します。

①月額費用の中身

まず、どのサービスまでが月額費用に含まれるか、つまり月額の費用でどこまでのサービスが受けられるのか、どのような場合に追加の費用が発生するのかということを確認する必要があり

（介護付有料老人ホーム　Aホーム）			
項　目		金　額	確　認　事　項
家　賃	※	6万円	
管理費等	※	5万円	
居室の光熱水費		0万円	管理費の中に含まれている
食　費	※	6万円	治療食が必要になれば、+1万5000円
介護保険負担	※	2.5万円	
上乗せ介護費用	※	2万円	
その他サービス費		0万円	生活相談等は介護保険に含まれる
日用品費等	※	約1万円	同程度の入居者のオムツ代を確認
医　療　費		約0.5万円	入居後変更がないか、確認
電話代・お小遣い		約1万円	必要なレクレーション費用などを確認
社会保険料		約1万円	
そ　の　他			何か他に必要なものがないか、確認

高齢者住宅の支払　※印合計22.5万円　　その他生活費　2.5万円

図表　高齢者住宅　生活費概算表

ます。

介護サービスに関連する費用を例に挙げると、介護付有料老人ホームの場合、介護保険の自己負担を月額費用の中に、わかるように表示してあります。一方の住宅型有料老人ホームやサ高住の場合は、入居者の個別契約で、介護サービスの内容、利用回数によって自己負担の金額は変わりますので、月額費用の中には含まれていないのが一般的です。

その他、寝たきりでオムツ介助が必要になれば、紙オムツ等の介護材料費が必要になります。

趣味や余暇を楽しみたいと思われているのであれば、そのお金もかかります。これらは重要事項の説明書の中に細かく書かれていますので、入居する高齢者のニーズや生活レベルに合わせて、日常生活にどの程度の費用がかかるのか確認しておきましょう。

情報開示がきちんとできている事業者は、入居相談の中で、オムツの枚数やレクレーション費用など、本人の生活レベルに合わせて生活費の見積書を作ってくれます。

ただし、そう難しいものではありませんから、図表にあるように、高齢者住宅毎に生活費の概算表を作っておいて、見学時に確認しましょう。

この概算表は、現在のものだけでなく、将来、要介護状態が悪化して、オムツなどが必要になった場合なども、ある程度想定しておくと良いでしょう。

②入院時・外出時に必要となる費用

二つ目は、入院や外出・外泊時など、高齢者住宅で生活していない場合に、減額される費用、減額されない費用についての確認です。

病院に入院している間、外泊している間（初日と最終日を除く）は、高齢者住宅で介護を受けていませんから、介護保険の一割負担は徴収されません。しかし、実際にサービスの提供を受けていなくても、居室を引き続き占有していますから、家賃や管理費は徴収されます。食費や上乗せの介護費用、その他サービス費については契約によって異なります。

入院中は、高齢者住宅と病院の二重の支払が必要になります。これも契約ですから、後で「そんなはずではなかった」「資金計画の中に入っていなかった」ということのないようにしなければばなりません。

③費用改定の時期と方法

三点目は、利用料の改定についてです。

特別養護老人ホームなどの老人福祉施設では、利用料は国によって定められています。これに対し、高齢者住宅の家賃、管理費など、介護報酬以外の費用については、事業者が設定します。また、その改定についても事業者と入居者との契約に委ねられています。

有料老人ホームについては、「設置運営標準指導指針」の中で、その金額設定の根拠を明らかにし、改定にあたっては、その根拠を入居者に説明することが求められています。しかし、契約の中で料金の改定の可能性に触れてはいても、改定の際に何を基準として改定するのか、改定や見直しの時期などを明示している事業者は少ないようです。

これはサ高住でも同じです。

その時期や根拠が明らかにされていないと、経営の失敗を安易に価格に転嫁されてしまうという可能性も出てきます。「消費者物価指数のスライド」などで、数%の値上げであればまだしも、一気に三万円、四万円と値上げされると、最悪の場合、退居せざるを得ません。

値上げの根拠やそのプロセス、家族への説明方法なども、しっかり確認すべき事項です。

金額の説明があいまいな業者は避ける

「聞いた金額と違う」という月額費用にまつわるトラブルも少なくありません。

しかし、これは契約や重要事項説明書の中で表示されているものですから、事前に確認すれば入居前に回避できます。事業者にとっても、入居後に家族とトラブルとなるのは避けたいですから、経営ノウハウの高い優良な事業者は、丁寧に説明してくれます。逆に、「月額費用一三万円」「特養ホーム程度の価格で入居できる」とパンフレットで安さをアピールしていても、食事も介護も含まれていないところや、説明を聞いても何の対価なのかわからない曖昧な費用を設定している事業者、紙オムツなどが、市価と比較してあまりにも高額な事業所は注意が必要です。

月額費用の設定方法や説明の仕方は、情報開示の意識や事業者の誠意、運営ノウハウを見る上でも、重要なポイントだといえます。

また、「安ければ良い」というものでもありません。周辺の相場など比較してあまりにも安いものは、介護保険や医療保険の「囲い込み」といった不正が行われているリスクが高くなります。これも警戒が必要です。

視点VI　入居一時金を見る

▼償却期間・償却方法を確認し、途中退居時の返還金を計算しておく
▼入居一時金の保全方法についても、十分に確認

入居一時金は、高齢者住宅の契約時に支払う一時金で、入居金、入会金などと表示しているところもあります。

三つの点から、チェックポイントを整理します。

①入居一時金の意味

まずは、その入居一時金が何の対価として、何を目的に支払うのかの確認です。

普通の賃貸マンションでも、敷金や保証金目的で、「家賃の三ヵ月分」といったように一時金を支払います。有料老人ホームの場合は、これに加え、第一章で述べたように、「一定期間の家賃の前払い」と「終身利用できる権利の購入」という意味を持たせているのが一般的です。

最近では、「家賃の前払いの一時金」と「月額家賃」の支払を併用している価格設定の有料老人ホームや、「一時金支払い」「月額利用料支払」など、入居者が支払方法を選択できる事業者も

増えてきました。入居時の年齢によって、入居一時金の金額や償却期間が変動するタイプや、入居一時金がゼロという有料老人ホームあります。

また、少なくなりましたが「家賃の前払い」だけでなく、介護の上乗せ費用を一時金として徴収する「介護一時金」を設定しているところもあります。中には、「施設協力金」「入居申込金」など、それが何を意図しているのか、何の対価なのか不透明なものもあります。

月額費用と同じように、「価格設定がわかりにくい」「何のサービスの対価なのか不明瞭」ということは、経営が不透明だということの裏返しです。「あれこれ理由をつけて取れるものは取っておこう」という経営体質の事業者はコンプライアンスの視点からも問題です。

②償却期間・償却方法

入居一時金が、家賃の前払いとしての性格を有している場合、途中退居した場合の返還金額を事前に計算しておくことが必要です。

左の例は、A・Bどちらの有料老人ホームも入居一時金は、九〇〇万円ですが、同じ一八ヵ月の入居期間であっても、償却期間が短いAの方が、返還金は少ないことがわかります。

これまでの自立度の高い高齢者を対象とした有料老人ホームでは、償却期間は一五年程度のものが中心でした。一方の要介護高齢者を対象としたホームでは、五～八年程度と短くなっています。償却期間が短くなれば、償却期間内に退居した場合、返還金の金額が少なくなります。

償却方法：期間内で均等償却(月単位)
計算方法：(入居一時金－初期償却金) ÷ 償却期間
×(償却期間－居住期間) ×退居返還係数
(A有料老人ホーム、B有料老人ホーム共に)
入居一時金：900万円
初期償却金：20%(180万円)　入居期間　18ヵ月

(A) 有料老人ホーム
償却期間　6年(72ヵ月均等)
返還金額　540万円(初期償却は必要経費を除き返還)
(900万円－180万円) ／72ヵ月 ×(72ヵ月－18ヵ月) ＝540万円

(B) 有料老人ホーム
償却期間　10年(120ヵ月均等)
返還金額　612万円(初期償却は必要経費を除き返還)
(900万円－180万円) ／120ヵ月 ×(120ヵ月－18ヵ月) ＝612万円

図表　入居一時金　退居返還金　計算例

この返還金の計算は家族でも計算できますが、「退居返還係数」といった独自の算定方法を採っている事業者もあります。トラブルを避けるためにも、償却期間内に途中退居した場合の返還額についての一覧表を事前にもらっておきましょう。

③入居一時金に対する法的規制

第一章で述べたように、この入居一時金は、特に返還金を巡ってのトラブルが多いことから、【入居一時金の保全義務】【入居三ヵ月以内の初期償却の禁止】【権利金・礼金見合いの初期償却の禁止】という三つの規制が行われています。

まず、第一の【入居一時金の保全義務】ですが、二〇〇六年四月以降に解説された有料老人ホームが対象で、それ以前に開設されたものは努力義務に止まっています。しかし、法的義務の「ある、なし」というのは入居者には関係ありません。その保全の有無や方法について、必ず書面で確認が必要です。

また、この保全義務は、五〇〇万円を上限としています。そのため二〇〇〇万円の一時金を支払って、返金されるべきお金が一五〇〇万円あっても、制度上、保全されるのは五〇〇万円までとなります。それ以上の一時金を支払う場合は、五〇〇万円を超える部分の保全体制や有料老人ホームの経営母体、入居率などの経営状態について、より厳しくチェックする必要があります。

初期償却金は返金されるのが基本

【入居三ヵ月以内の初期償却の禁止】【権利金・礼金見合いの初期償却の禁止】という二つの規制は、セットだと考えてよいでしょう。

以前は、初期償却金は返還されない権利金、礼金見合いというのが前提でした。そのため入居三ヵ月以内は、クーリングオフの期間として初期償却が禁止されたのです。しかし、「権利金・礼金見合いの初期償却禁止」となりましたので、初期償却金も、基本的に返金するということが前提となっています。

「②償却期間・償却方法」の例で挙げた、初期償却金の一八〇万円は「保証金・敷金」として返還されます。また、修繕などの費用についても入居者に不利益な取扱いがされないように判例等でその返還の範囲について規制されています。よほどのことがない限り、基本的には戻ってくるお金です。

これらは全ての事業者が、最低限遵守すべき法的な規制です。

しかし、有料老人ホームに対する指導監査体制が不十分なことから、一部の事業者では法律に違反したまま運営が続けられています。

また、「保全が不十分」「初期償却の返還が曖昧」ということは、最低限の法律さえ守られていないということです。言い換えれば、保全や返金しなければならないお金を流用しなければ経営できない状態にある、実質的に経営が破たんしているということです。

後日トラブルに巻き込まれないよう、事前の十分なチェックが必要です。

視点Ⅶ　火災・自然災害の防災対策

▼防災対策は、高齢者住宅の理念やノウハウが現れる場所
▼防災設備や防災訓練などの実施状況についても確認

防災対策は、生活支援サービスや価格と比較すると、目につきにくいものです。しかし、高齢者住宅の経営ノウハウや理念、資質が如実に現れる重要なポイントです。防災訓練をはじめ、対

想定される災害リスク

- □ 火災（放火・職員の失火・入居者の失火・類焼など）
- □ 地震、津波、地盤崩壊、がけ崩れ、液状化
- □ 台風、ゲリラ豪雨、河川氾濫、土石流、がけ崩れ、下水道の溢水
- □ 豪雪、雪崩
- □ 火山の噴火、火山灰・火山弾、火砕流
- □ 原発事故・近隣工場爆発

図表　想定される災害リスク

策がしっかりとれているところは、入居者の生活や生命の安全を真剣に考えています。逆にこれが不十分で杜撰な事業者は、サービス管理の基礎ができていないということになります。

防災対策を見る四つのポイントを挙げます。

①立地条件を見る

近年、大規模な地震や台風、豪雨災害などが相次いで発生しています。身体機能の低下した高齢者、要介護高齢者は災害弱者です。その土地にどのような災害リスクがあるのかを理解しておく必要があります。

一つは、その地域全体の災害リスクです。現在、河川浸水、土砂災害、地震災害、津波高潮、火山防災などの自然災害と被害範囲を予測したハザードマップが自治体で作られています。

個別要因も重要です。同じ地域でも建物が高台にあるのか、海の近くにあるのかによって地震発生時の津波のリスクは違ってきます。裏山崩落のリスク、近隣からの類焼、爆発物や有害な化学薬品を扱う工場など、個別の立地環境によっても、想定すべき被害は変わります。

ただし、日本全国どこにいても、自然災害のリスクがゼロになることはあ

りません。

この立地環境を基礎として、その想定される災害リスクに対して、建物設備でどのような対策を行っているか、防災訓練の種類や充実度を見ていくことになります。

②防災の観点からの建物設備

二つ目は、防災の観点から見た建物設備です。

建物には、火災に対する耐火基準、地震に対する耐震基準というものがあります。また、スプリンクラーや自動通報装置などの防災設備は、法的な設置義務の有無に関わらず、高齢者住宅の事業特性を考えるとかならず設置すべきものです。建物設備基準や防災設備については、重要事項説明書に書いてありますので、どのレベルのものなのか事前に確認しましょう。

③災害の発生に対する備え

大震災などの場合、その地域全体が被災者となります。支援が届くまでの数日間、持ちこたえられるよう、食糧や飲料水、日用消耗品など備蓄をしておかなければなりません。ただし、電気やガス、水道などのライフラインも停止する可能性が高くなります。普段使用しているような、ガスや電気を使って調理しなければならないものは、備蓄用の食糧としては不適格です。

最近は、水を加えるだけで白飯やおかゆができるアルファ米や、ハンディタイプのゼリー状の高カロリー食品なども備蓄品として注目されています。また、要介護高齢者が対象ですから、衛生用品や日用品、使い捨てカイロ、お湯を沸かすカセットコンロなども必要となります。

防災計画の中で、計画的に備蓄して、定期的にその消費期限なども含めて見直しているところもあります。その一方で「今あるもので数日は、対応できるだろう」という安易な考えの事業者も少なくありません。中には、「食事は食事業者が、介護は介護業者が考えていると思います」と、「自分達には関係ない」と言わんばかりの高齢者住宅もあります。

しっかり備えをしているところは、自信をもって説明してくれるはずです。

④防災訓練の実施

防災訓練の実施状況もとても重要です。

周辺からの類焼、放火も増えています。「火元を厳重にチェックしている」というだけでは、対策にはなりません。

介護付有料老人ホームでは夜間にも複数名の介護スタッフが常駐しています。しかし、夜間に火災が発生すれば、車いすや寝たきりなどで、歩くことのできない要介護高齢者すべてを、短時間の内に安全に非難させることは不可能です。何をすればよいかわからず、慌てている間に火や煙が回り、多くの入居者が亡くなるという悲惨な結果となります。

防災訓練を見れば、その事業者のサービス管理のレベルがわかります。

防災訓練は、法的には半年に一度以上とされていますが、優秀な事業者は、それ以上の頻度で徹底して行われています。消防署や地元消防団との共同訓練や、近隣住民の参加を依頼しているところもあります。

避難訓練の本気度でわかる事業者の質

ただし、それは、回数をやればよいというものではありません。全てのスタッフが泣きそうになりながら大声をあげて真剣に訓練を行っている事業者と、レクレーションのように楽しそうに行っている事業者、どちらが優秀でレベルが高い事業者なのかはいうまでもないでしょう。

一方で、「防火管理者の名前が数年前に退職したスタッフのまま」「防災訓練は一度もやっていない」といったリスク管理、危機意識の低い事業者もいます。口では「安心・快適」と標榜していても、その前提となる入居者の生命や財産を守るという意識が乏しいのです。

災害対策は後回しにされやすいからこそチェックポイント

阪神大震災や東日本大震災などの経験を踏まえ、防災対策について、より積極的に対策を検討する事業者が増えてきました。ただし、広範囲に及ぶ震災や津波の被害への対応は、単一の事業者だけでできるものではありません。消防署や市町村などの行政機関への支援要請や近隣施設、関連施設との連携が不可欠となります。

周辺の自治会・町内会と協議をして、夜間火災発生時の応援依頼や避難住民の受入などの提携を進めているところもあります。近隣の高齢者住宅や介護施設と協定を結び、火災発生時の入居者の一時的な受入や、応援スタッフの派遣などの取り決めをしているところもあります。

さらには、大災害を想定し、離れた場所にある高齢者住宅や介護保険施設と協力し、バックアップスタッフの派遣や支援物資調達などの協定を結んでいる事業者もあります。

ただ、この災害対策は、日々の生活やサービスと直結するものではなく、「忙しいから」と後回しにされやすいものでもあります。「必要だと思っている」と口では言うもの、対策が未整備であるところも少なくありません。

これは、有料老人ホーム、サ高住など制度類型は関係ありません。

この災害対策を見れば、その事業者が経営の安定、サービスの安定、入居者の生活の安定や安全をどこまで深く、真剣に考えているのかが、一目瞭然なのです。

視点Ⅷ　事業者からの退居要件

▼終身利用でも、退居を求められる場合がある
▼どのような場合に退居を求められるのか、確認が必要

入居者や家族は、一度入居すれば、入居者が死亡するまで、その高齢者住宅で生活ができると考えがちですが、実際は途中で退居を求められるケースもあります。どのような場合に、高齢者住宅からの退居を求められるのか、またどのような手続きがとられるのか、事前に確認しておくことが必要です。

有料老人ホームは「利用権」に基づく契約です。事業者側からの契約解除が認められています。強制的に退居させられるケースとして、一般的には次のようなものが挙げられています。

①入居申込書に虚偽の事項を記載するなどの不正手段により入居したとき
②月額の利用料、その他の支払を正当な理由なく、しばしば滞納する時
③有料老人ホームで規定している禁止行為に該当する時
④入居者の行動が他の入居者の生命・生活に危害を及ぼす恐れがあり、かつ入居者に対する通

常の介護方法では、これを防止することができないとき

①や②については、明らかに入居者・家族サイドの責によるものです。③については、爆発物や発火物などの搬入や保管、大音量で音楽をかける、大型動物や猛獣など明らかに他人に迷惑をかける動植物を飼育するなどの行為について禁止しています。

退居時のトラブルとなるのが④の規定です。

これは、基本的には認知症の周辺症状が発生した場合を想定しています。他の入居者に対して暴力行為に及んだり、他の居室に間違えてたびたびはいり込んで、暴言を吐くようなケースです。

最近は、認知症のケアに力を入れている高齢者住宅は増えています。精神科医と連携したり、間違えて他人の部屋にはいらないように工夫しているところもあります。しかし、他の入居者に暴力をふるってけがをさせた場合や、それが継続するリスクが高い場合、事業者には、他の入居者の生活を守る義務がありますから、難しい判断を迫られることになります。

しかし、家族からすれば、「周辺症状で対応できないから退居してください」と言われても困ります。事業者によっては、入居者同士のトラブルが発生した場合、その規定をたてにして、一方的に不利な状態に置かれてしまうこともあると言います。

その対応力や考え方、基準、運用方法は、事業者によって大きく違いますし、それは事業者のサービス管理、介護看護サービスに対する経験やノウハウとも直結しています。

このようなケースを避けるためには、実際に事業者サイドから退居を求めた人数や、入居者自ら退居した人数、また、どのようなケースでそうなったのか、どのようなケースを想定しているのかを確認することです。

長期入院の対応

もう一点、退居について確認しなければならないのは、長期入院への対応です。有料老人ホームによっては、一ヵ月や三ヵ月などの期間を定め、それ以上の入院については、一旦、退居すると契約で定めている事業者もあります。

しかし、一律に退居規定が定められているために、その後、退院しても行く場所がないということでは、家族も入居者も困ります。

ただ、末期ガンや終末期などで、もう高齢者住宅へ戻れない可能性が高い場合、家賃などの支払をいつまで続けるのかという問題もでてきます。これらの問題に対して、協力病院やかかりつけ医と連携し、家族の意見を聞きながら個別に対応してもらえるかが重要です。

この途中退居の問題は、有料老人ホームだけでなく、サ高住においても同じです。

第一章で述べたように、サ高住は、有料老人ホームの利用権方式と違い、借地借家法に規定される「借地権（借家権）」契約です。よほどの事情がない限り、事業者から一方的に退居を求められることはありません。もちろん入院したからといって退居を求められることもありません。

しかし、要介護高齢者ですから、食事や介護看護などの生活支援サービスを受けなければ生活を維持することはできません。事業者とケンカしても「無理に居座る」という選択は現実的ではありません。

やむを得ない退去もありうる

この退居要件やその実務は、契約書に細かく書いてあるわけではありません。

実際、有料老人ホームの生活に適応できずに退居する人はいます。認知症による激しい周辺症状でやむをえず退居を求めなければならないケースもあります。それは、事業者や介護スタッフにとっても、残念で不本意なものですし、高齢者住宅の経営上、サービス管理上の大きな課題、リスクでもあります。

しかし、その人数があまりに多いようであれば、入居時の相談や説明、状況把握が十分にできていたのか、トラブルへの対応力が不十分なのではないかといった疑問がでてきます。

逆に「介護が必要になっても安心です」としか言わない高齢者住宅や、「多分、恐らく」といった曖昧な説明の多い事業者も、そのリスクに対する経験値やノウハウが乏しいと言えるでしょう。

退居の要件は、実際の事例を交えながら、しっかり話をきいて、事業者の経験値や経営ノウハウを判断することが必要です。

視点Ⅸ　経営悪化・倒産リスク

▼高齢者住宅入居の最大のリスクは、事業者の倒産
▼情報開示は、経営体質・経営状態を知る大きなバロメーター

高齢者住宅入居における最大のリスクは、事業者の倒産です。

特養ホームの運営は、社会福祉法人や地方自治体などに限られています。よほど脱法行為をしていない限り、倒産したり、事業の継続が困難になることはありません。また、理事の不正などによって経営が悪化しても、他の社会福祉法人が引き継いでくれますし、サービス内容や月額費用は法律で決められていますから、大きく変わることはありません。

しかし、高齢者住宅の経営は、民間の営利目的の住宅事業です。入居者が集まらなければ、資金繰りが悪化し、経営が行き詰ることになります。トラブルの増加や介護スタッフの大量離職で、サービスや収支が不安定な事業者も増えています。

経営状態を見分ける六つのポイント

これは、法人の規模や大きさには関係ありません。

単独の高齢者住宅でも、経営者や管理者がしっかりしており、安定的な経営を続けている事業者はたくさんあります。逆に誰でも知っているような大手の介護サービス事業者が行っている高齢者住宅でも、その内実は目を覆うばかりというところもあります。

ここでは、経営状態に注意すべき高齢者住宅の特徴を六つの視点から挙げます。

①入居率の低迷

一般的に、高齢者住宅の事業計画では、損益分岐を八割程度の入居率で収支計画を立てています。しかし、運営を始めて何年も経過するのに、見学に行くと半数以上の居室が空室になっている事業者や、一部フロアーが全く利用されていないところもあります。

高齢者住宅ビジネスは、建物設備費の借入返済や人件費などの固定費比率の高い事業です。入居者が集まらないと運転資金が枯渇し、事業閉鎖や倒産となります。

述べたように、サ高住など、居住権が借家権の場合は、事業者が倒産しても、そこで住み続けられる権利は確保されています。しかし、要介護高齢者の場合、食事や介護看護、生活相談などのサービスが止まれば、生活できなくなります。また、有料老人ホームでは、高額の入居一時金を支払っていても、退居返還金が契約通り戻ってこなくなる可能性もあります。

運営当初であれば、これから入居者が増加していくということも考えられます。しかし、開設後数年が経過しても、居室のたくさん空いている高齢者住宅は、その経営状態に十分な注意が必要です。

②スタッフ不足・離職率の高さ

二点目は、介護スタッフの充足状況、離職率です。

介護付有料老人ホームの介護看護スタッフ配置は、【三：一配置】【二：一配置】などと法律や契約で定められています。中には、そのギリギリの人数でサービス提供をしているところがあります。しかし、それでは、突然スタッフが退職した場合、その基準や契約以下の人数でサービスが提供されることになります。サービス提供上も、経営上も非常に不安定なものです。

また、スタッフの離職率の高い高齢者住宅も注意が必要です。

スタッフの入れ替わりが激しい事業者は、サービスが安定しませんし、経営管理や教育体制に問題があるケースが少なくありません。採用も「来るもの拒まず」になり、「退職されると困る」と厳しい指導や教育もできませんから、サービスの質がどんどん低下することになります。

③介護保険・医療保険頼みの商品設計

高齢者住宅は、住宅サービス、食事サービス、介護看護サービス、生活相談サービスなどの複合サービスです。住宅サービスの対価は家賃（利用料）として、食事サービスは食費として、それぞれサービスを分離してビジネスモデルを組み立てるのが基本です。

しかし、区分支給限度額方式を採用する高齢者住宅の一部では、同一法人で訪問介護、診療所などを併設し、集合的、集中的に介護サービスを利用させることを前提に、食費や家賃を低く抑えている、「どんぶり勘定」「囲い込み」と呼ばれる行為を行っている事業者も少なくありません。それは、入居者の選択による介護看護サービスが受けられないということです。また、介護保険法の違反ですから、「囲い込みはダメ」と指導された時点で、経営が成り立たなくなります。

この問題の背景には制度設計上の課題や矛盾があることは事実です。

ただ、介護保険や医療保険の財政悪化に伴って、不適切な利用に対する規制は厳しくなっています。このような介護保険、医療保険頼みの高齢者住宅は、今後、制度改正によってこの数年の内に、確実に経営できなくなります。

④コンプライアンス違反

コンプライアンスというのは、法令順守のことで、事業運営の基礎となるものです。

③でのべた「囲い込み」の問題も、法律違反であることを認識しておらず、「不正はしていない」「一部の悪徳業者の問題だ」と考えている人が多いのが特徴です。

しかし、コンプライアンス違反、法律違反というのは、経営者が不正行為だと認識しているのか否かで決まるものではありません。囲い込みの問題以外でも、「適切に防災訓練を行っているか」「事前に入居希望者に契約書や重要事項説明書を渡しているか」「パンフレットに紛らわしい言葉や誇大広告はないか」「月額費用の表示方法が誤解を招かないか」等、いくつかの課題を指摘すると、口をつぐんでしまう事業者は少なくありません。

高齢者住宅のコンプライアンス違反の背景にあるのは、「大きな問題ではない」「どこでも同じようなことをやっている」「入居者には喜ばれている」という甘えの構造です。厳しい言い方をすれば、それは素人経営だということです。万一、夜間に火災が発生すればどうなるのか、介護保険の不正請求で巨額の返還を求められるとどうなるのかが、理解できていないのです。

法令順守の意識が薄い事業者は、入居者の生命・財産、生活を守るという基本的な意識が乏しい事業者であるというだけでなく、そもそも事業者、経営者として失格なのです。

⑤運営法人が何度も変わっている

高齢者住宅業界は、「これからは高齢者ビジネスの時代だ」「高齢者住宅は儲かる」と経営ノウハウがない事業者が大量に参入しています。また、「土地の有効活用」「節税対策」などをちらつかせ、「これからは高齢者住宅の時代だ」と、サ高住の建築を推奨しているデベロッパーや経営コンサルタントもたくさんいます。

そのため、開設後に「こんなはずではなかった」「聞いた話と全く違う」と撤退するケースが少なくありません。しかし、突然の倒産や事業閉鎖が問題にならないのは、またそこに、「経営中の高齢者住宅を買収して参入しよう」という事業者もいるからです。ニュースで話題になるのは大規模なM&Aですが、それ以外の中小の高齢者住宅でも、次々と経営者は変わっています。ただ、経営ノウハウがないから、サービス内容や商品性に課題があるから失敗しているのです。加えて、このような高齢者住宅を購入する側の事業者は、更にノウハウがありません。その結果、M&Aなどで購入後に、「こんなはずではなかった」ということになり、何度も転売され、事業者が二転三転しているのです。

そのたびに、価格が改定されたり、サービスが低下し、入居者の負担は増えていきます。巨額の一時金を支払っているために、逃げ出すこともできず、「どうしてこんなところに入居したんだろう……」「最初の頃は良かったのに……」と頭を抱える高齢者、家族も多くなっています。

ノウハウのある事業者が買い取り、再生しているところもありますが、何度も、経営者が変更になっているところは注意が必要です。

⑥入居一時金の償却期間が短い

最後のひとつは、有料老人ホームの入居一時金の償却期間です。

第二章で、入居一時金は、「入居期間を超えて入居すると得だ」と述べました。しかしそれは、事業者から見ると、償却期間以降の利用料（家賃相当）を免除しているのですから、「入居期間を超えて長生きされると損」ということになります。

経営側から見て、これを「長期入居リスク」と呼んでいます。

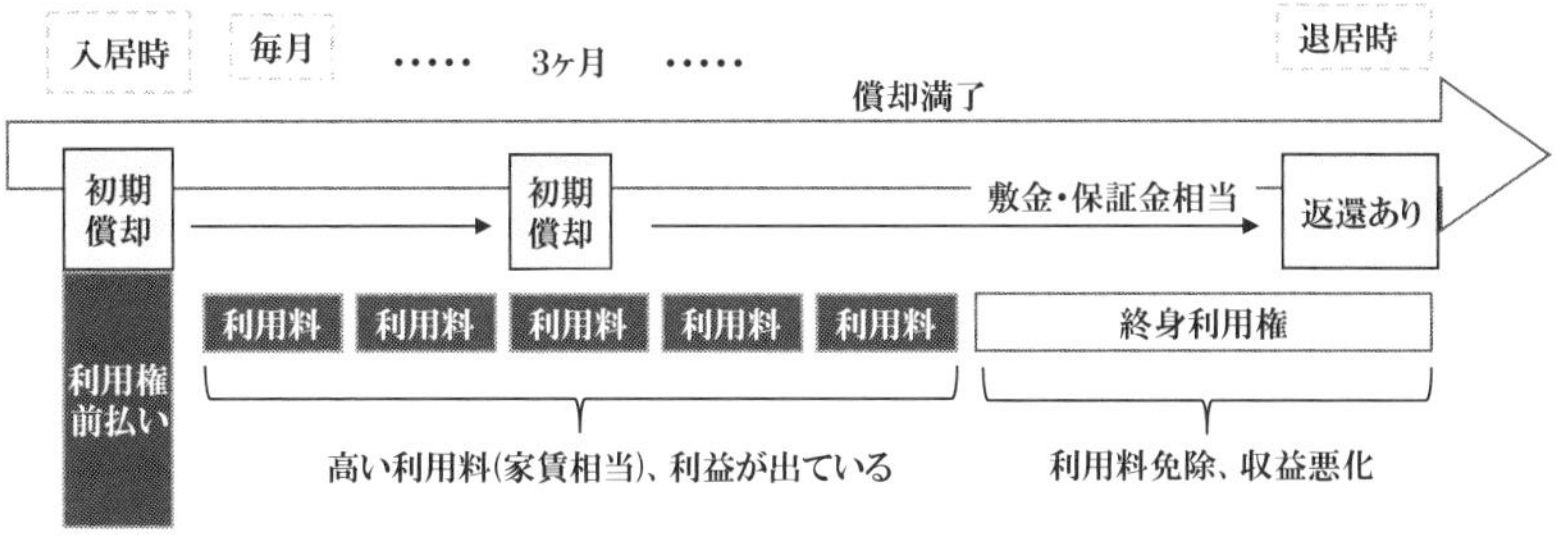

図表　有料老人ホームの入居一時金の長期入居リスク

例えば、五年償却の場合、最初の五年間は、利用料（家賃相当額）が償却されますから、高い利益が出ています。しかし、その高齢者が、その高齢者住宅で一〇年生活すると、あとの五年間は利用料を免除していることになります。

つまり、「家賃の前払い」「終身利用権」を一時金として徴収している事業者は、想定した償却期間までは高い利益がでていますが、それを超えて入居する高齢者が多くなると、入居率が高くても収支が悪化するという特性、商品課題を持っているのです。

償却期間と入所期間の考え方

これは、有料老人ホームの価格設定とも関係しています。

これまで、介護保険制度の発足前に作られていた元気な高齢者を対象とした有料老人ホームは、七〇代前半で入所する人が中心でした。そのため、償却期間も一五年〜二〇年程度と長く設定されていました。しかし、近年の要介護高齢者を対象としたものは、八〇代の入居者を想定しているため、五年〜八年程度と、償却期間が短くなっています。

述べたように償却期間は家賃の前払い期間です。償却期間が長くなると、それだけ入居一時金の額は高額になります。これまでの有料老人ホームの入居一時金の額が、数千万円と高額であり、最近の要介護高齢者を対象とした有料老人ホームは、数百万円以下と低価格になっているのはそういう理由があるのです。

この長期入居リスクを回避するには、「償却期間」と「入居者の年齢や身体状況」のバランスが取れていることが必要です。そのバランスが崩れると、入居率が高くても、赤字になるという状態に陥ることになります。

しかし、特に、新規参入した経営者には、経営ノウハウがありません。そのため、「償却期間を短くした方が、早く償却（回収）できる」と安易に考えがちです。しかし、一時的に高い利益を上げても、その三分の一は税金です。つまり税金を支払って、リスクの発覚を先延ばししているような経営状態になるのです。

⑤で述べた、多くの事業者がM&Aで失敗する理由もここにあります。

七〇代後半、八〇代前半の高齢者が多い反面、償却期間が五年程度と短い事業者は、現在利益が出ていても、また入居率が高くても、将来的に赤字に転落するリスクが高いのです。

サービスの質と経営の質はリンクする

以上、六つの視点から、経営状態が不安定な高齢者住宅の特徴を六点挙げました。

これらの多くは、決算書には数字として表れないものです。公認会計士が決算書を見ても経営が安定しているのかどうかわかりません。また、不動産事業ですから、毎年、少しずつの利益が出ていても、将来的には大規模修繕や建物改修なども必要になってきます。

高齢者住宅の経営状態を把握するのは簡単ではありません。

ただ、この経営管理の質と、サービス管理の質は一体的なものです。経営者や管理者が高齢者住宅事業や要介護高齢者の生活に精通しており、スタッフ教育やサービス管理が適切に行われているところは、経営が安定しています。

その一方で、「安心・快適」と標榜しているものの、管理者が頼りない、態度の悪いスタッフがいる、リスクやトラブルの説明も不十分というところは、経営状態も不安定なのです。

第六章 高齢者住宅を見学しよう

高齢者住宅を実際に見学する目的は大きく二つあります。

一つはサービスや価格など商品の内容について詳細に確認すること、もう一つは、その高齢者住宅の雰囲気やスタッフ教育のレベルなどサービスの質を肌で直接感じることです。

入居者がこれから豊かな生活を送ることができるのか、家族は安心して任せることができるのか、しっかり準備して見学に臨むことが必要です。ここでは、見学の心得、ポイント、また見学時にもらっておくべき資料などについて解説します。

1 高齢者住宅 見学の流れ

▼見学のためには十分な準備が必要
▼見学を行うための流れとポイントを整理する

どのような流れで見学対応をしているのかは、それぞれの事業者によって違います。多少前後しますが、ここでは全体的な流れと、見学のポイントについて解説します。

①事前チェック

情報収集、事前チェックは、有意義な見学のためには不可欠です。

事前にパンフレット、重要事項説明書などを取り寄せ、ホームページをチェックするなどし、できるだけの情報を集めておきます。その上で、確認事項、質問事項を整理するなど、十分な準備をして出かけましょう。

②見学の予約

すでに他の入居者が生活している場合には、食事中、入浴時間帯など入居者の生活リズムによって見学に適さない時間があります。また、新規開設準備の事業者でも、スタッフは忙しくしています。見学は五分、一〇分で終わるものではありませんから、飛び込みでの見学希望は、高齢者住宅側にとっても非常に迷惑です。新設の高齢者住宅でも、見学を行う際には、必ず事前に連絡し、予約することが必要です。

予約時の電話対応も、その高齢者住宅の質をはかる良いチャンスです。

自家用車で行く場合にはその経路や駐車場の有無などを確認し、電車やバスで行く場合は、その経路や最寄駅からのルートなどを聞いてみるのも良いでしょう。「ご利用者の笑顔のために」などと、経営理念が立派であっても、電話対応が感じの悪いものであれば、その理念が行き届いているとは言えません。予約を入れるところから事業者のチェックは始まっているのです。

③持っていくもの・もらうもの

見学時に、持っていくもの、もらうものも整理しておきましょう。

見学の予約時には、事前に契約書や重要事項説明書などを送ってもらうように依頼します。特に、重要事項説明書は、高齢者住宅を比較するためには必要不可欠な書類です。

高齢者住宅の見学に、持っていくと便利なものは、カメラやメジャーです。

カメラは、他の家族に説明する場合に重要な資料となります。高齢者住宅内だけでなく外観や周辺環境なども含めて撮影すれば良いでしょう。ただし、必ず説明担当者に許可を得てから撮影すること、他の入居者が写り込まないよう、プライバシーに十分に配慮することが必要です。メジャーは居室内の広さを測るのに必要になります。入居者が使い慣れたベッドや箪笥が入るのかを測ったり、電気スイッチの高さや手すりの高さ等を確認します。

その他、筆記用具も必需品です。

説明に対して、メモをとることは失礼ではありません。契約内容や重要事項に誤解があると後でトラブルになります。事前に作成したチェックリストや質問事項に、事業者からの回答や説明内容を書き込むといった作業は大切です。

④立地環境の確認

予約時間に遅れないよう早めに到着し、高齢者住宅の周囲の環境を確認しましょう。高齢者が生活するのにふさわしいか、少し周辺を歩いてみるのも良いでしょう。アクセス（交通の便）も重要です。公共の交通機関を利用する場合は、駅やバス停までの距離や坂道の有無、近隣の商店などもチェックしておくと、入居後の生活や訪問のイメージがわきます。

「車で来たときはわからなかったけれど、バス停から歩くと遠い」「坂道が思ったよりキツイ」ということもあります。見学者に対しては、近くの駅から送迎してくれるところもありますが、見学者専用であれば入居後は利用できません。自分の足で歩いてみるのをお勧めします。

⑤高齢者住宅内の見学

高齢者住宅の見学は、担当者の説明に沿って行われます。ここでは特に、建物や設備の説明が中心です。許可を受けて建物や設備の写真を撮ったり、設備の内容や居室の広さなどについて、質問しましょう。トイレや水回りなどの居室内の設備や備品、収納の大きさなどのチェックも必要です。

⑥高齢者住宅からの説明

次に高齢者住宅の担当者から、契約書や重要事項説明書などに基づいて、価格やサービス内容の説明が行われます。疑問点についてはその場でしっかりと質問します。

⑦家族からの質問

最後に、相談や質問です。聞き漏れがないように、事前に整理しておけばスムーズに質問できます。それはサービス内容や契約条項について、一方的に質問するだけではありません。入居を希望している高齢者の身体状況を説明したり、高齢者住宅で個人の希望についてどの程度まで対応してもらえるのかという相談も重要です。

気になることや、個別の心配事なども、何でも聞くようにしましょう。その回答からは、事業者の資質やノウハウが見えてきます。

⑧事後チェック

最後は、見学後の内容確認です。

どのポイントが良かったか、担当者の態度、その他スタッフの態度、聞き漏れはないかなどチェックします。見学は三名程度で行うのが理想です。それぞれの印象や気が付いたポイントを話し合えるからです。事後のチェックをしないと、いくつもの高齢者住宅を見学した場合、どの高齢者住宅が良かったのかわからなくなります。全体のイメージしか残らず、質問事項や聞いたことを忘れてしまいます。

見学者の情報を共有するためにも、事後のチェックは不可欠です。

⑨もう一度見学

高齢者住宅選びの基本は、できるだけ多くの事業所を比較、検討することです。

しかし、車いすなどの要介護高齢者の場合、よほど元気でない限り、すべての事業者を一緒に回るのは大変です。身体状況や生活レベルなど、本人の前では相談しにくいこともあるでしょう。一〇ヵ所くらいピックアップして、まずは家族だけで見学をして、その上で、「ここは良いな」と思えば、二度目は本人も一緒に見学するというのが良いでしょう。

聞き洩らしたことがあれば、その時に再確認できます。車いすでも利用しやすいか、高齢者住宅の雰囲気は本人に合っているのかなど、本人が実際に触れて、より細かな検討ができます。高齢者住宅への入居は、不安だったけれど、見学をして前向きになったという高齢者も多いようです。

2 高齢者住宅　見学チェックポイント

▼サービスの質は、チョットしたところに現れる
▼あらゆる機会を逃さずに、信用に足る高齢者住宅かを見極める

見学の目的は、その高齢者住宅の雰囲気やスタッフの教育レベル、サービスのレベルを肌で感じるということにあります。介護看護などのスタッフ数が多くても、その質が伴っていなければ、上質のサービスは提供されません。同一法人の行っている高齢者住宅であっても、それぞれの管理者の能力によって、事業者毎にスタッフの質、サービスの質は違います。これだけは、資料やパンフレットを比較・検討してもわかりません。

サービスの質の良し悪しは、チョットしたところに現れるものです。

①説明担当者の説明内容・態度

高齢者住宅のパンフレットには、「安心・快適」などの美辞麗句が踊っています。しかし、その曖昧な表示や説明が、後日トラブルを発生させる大きな原因にもなっています、イメージではなく、どのように安心を提供するかというその中身、実務が重要です。

例えば、介護付有料老人ホームでも、「二四時間三六五日、介護スタッフが常駐しています」ではなく、有資格者数や夜勤の体制など、実際の数字や実例を挙げて、入居者や家族がイメージできるような説明が求められます。

トラブルやリスクについても、「多分、大丈夫」と曖昧にする事業者と、どのようなケースがあるのか、イメージができるようにわかりやすく丁寧に説明してくれる事業者、どちらが介護のノウハウが高いのか、信頼できるのか言うまでもないでしょう。

高齢者住宅の見学で説明や相談を担う担当者は、入居後に、家族とホームを繋ぐ橋渡し役になる生活相談員や管理者であることが多いようです。彼らは、その事業所の中心、中核のスタッフです。説明内容を聞くだけでなく、説明の方法、説明態度をチェックし、信用できる人なのかを見極めることが大切です。

②説明担当者以外の態度・身だしなみ

説明担当者以外のスタッフの態度や言葉遣いが乱れていないか、チェックすることも重要です。

見学者に対して、全ての介護スタッフが「こんにちは」と気持ちよく挨拶されるところもあれば、すれ違っても知らん顔しているような事業者もあります。その他、スタッフの服装が汚れている、スタッフ同士で仕事に無関係の私的な会話が多い、入居者への態度が馴れ馴れしいというところもあります。これは、スタッフ個人の資質の問題ではありません。スタッフ教育が不十分で、基本的なサービス管理ができていないという証拠です。

③入居者の服装・清潔度

すでに入居者が生活しているのであれば、その身だしなみや服装等もチェック項目の一つです。特に、中度～重度要介護高齢者の服装は、介護サービスが行き届いているかどうかを判断する一つの目安になります。失礼にならない程度に、「服装は清潔なものを着ているか」「髪は乱れたままになっていないか」「目やに等はついていないか」等、そっと、しっかりチェックしてください。

④全体の清潔度・雰囲気

高齢者住宅内が清潔に保たれているか、掃除は行き届いているかということも、重要なポイントです。共用部分は整理整頓されているか、介護スタッフルームが雑然としていないか、掲示物が曲がったり、落ちたりしていないかなどをチェックします。

高齢者住宅で働く介護スタッフは、指示された介護だけを行うのではありません。日々の生活の中で、入居者の小さな変化に気付くという資質が求められます。特に、重度要介護の高齢者は、本人から体調の変化を訴えることはできません。「今日は少し熱っぽい」「便の色が悪い」など、それぞれのスタッフが小さな変化に自ら気づいて、積極的に対応しなければなりません。

カレンダーが先月のままだったり、廊下の絵画が曲がったままになっているということは、入居者に対するサービスも、その程度だということです。その他、採光や臭いなど、生活空間としての全体の雰囲気を確認することも必要です。

⑤建物や設備は本人に合っているか

初めての見学では、建物の豪華さ、居室の広さや景色などに目を奪われる人が多いようです。しかし、大切なことは、建物や設備が入居する高齢者の生活レベルに、合っているのかです。これは、現在、自立歩行しているのか、車いすなのか、また寝たきりなのか等の入居者の生活レベルによって、チェックするポイントは違います。例えば、脳梗塞で半身麻痺がある場合、右半身麻痺なのか左半身麻痺なのかで、移乗しやすいベッドの向きは変わってきます。ベッドの向きが変われば スタッフコールの設置位置も変わってきます。足元にスタッフコールのボタンがあるというのでは困ります。

これはトイレの手すりの位置や向き、居室のドアの開き方向も同じです。

また、車いすの場合、電気スイッチの位置が高いようだと手が届きませんし、いちいち立ち上がらなければならないようでは、転倒のリスクが高まります。これらはパンフレットや資料を見ただけではわかりませんから、入居者の状態をしっかり把握して、確認する必要があります。

3 見学でやってはいけないこと

▼有料老人ホームの見学でやってはいけない五つのこと
▼家族も事業者から見られていることを忘れずに

高齢者住宅は、多くの入居者が実際に生活する場です。見学については、生活の迷惑にならないことはもちろん、入居者のプライバシー等にも十分注意する必要があります。見学にあたって、注意しなければならないこと、してはいけないことについて整理します。

注意①——事前チェック・リサーチをせずに行く

高齢者住宅選びはほとんどの人にとって初めての経験です。それでも、中には「百聞は一見にしかず」と、何の準備もしないで、見学からスタートする人も少なくありません。

ただ、事前に準備をしていないと、建物を見て、パンフレットに書かれた高齢者住宅側の説明を一方的に聞き、思いつきの質問をするだけとなります。入居してから「こんなはずではなかった」という後悔の大半は、事前に調べておけば気が付くことばかりです。

注意②——予約せずに見学に行く

家族の中には、予約や連絡をせずに、飛び込みで見学したいと来られる方がいます。

しかし、思い立った程度で見学に行っても、ゆっくりと話を聞くことも相談することもできません。多くの方が実際に生活している家の中を見せてもらうのです。見学を行う際には、必ず事前に連絡して予約をすることは、最低限のマナーです。

注意③——大人数で見学に行く

ご家族やご兄弟が多い場合は、見学に行きたいという人数が多くなります。

しかし、ガヤガヤと大人数で行くことは静かに生活している他の入居者に失礼となります。そのため、五人以上の大人数で行くことは避けたほうが良いでしょう。

ただし、第三者の意見も重要ですから、有意義な見学を行うためには三名程度で見学するのが理想だと言えます。

注意④——勝手に見学する

事業者にとって、最も困るのが、説明を聞かずに説明者から離れて勝手に行動したり、他の入居者の居室を覗いたりする人です。居室は入居者それぞれのプライベートな空間です。勝手に開けたり覗いたりすることは厳に慎まなければなりません。

部外者が高齢者住宅内を歩き回ることは、スタッフにとっても入居者にとっても気分の良いものではありませんし、防犯上も好ましいことではありません。

見学中は、説明担当者から離れないのが基本です。見たい場所や確認したい場所があるときは、「入浴施設を見せていただけませんか?」「実際の生活を見たいのでどなたか部屋を見せていただけませんか?」と、スタッフと入居者に依頼し、許可を求めましょう。

注意⑤——許可なく写真を撮る

多くの見学者が軽視してしまうことの一つに入居者のプライバシーがあります。入居者にはそれぞれの事情がありますから、高齢者住宅に入っていることを知られたくないという人もいます。

居室や雰囲気を入居されるご本人や他のご家族に伝えるために、写真を撮るのはかまいませんが、事前に説明担当者に写真を撮って良いか確認し、特に入居者の顔が入らないように十分に配慮してください。また、万一、知っている人や近所の高齢者が入居されていても、外でそのことを話すことはタブーです。

見学する家族の中には、「俺たちはお客だ！」と横柄で、事業者の都合や入居者の生活リズムを無視して、勝手な振る舞いをする人もいます。しかし、優良で人気のある高齢者住宅は、入居される本人だけでなく家族との関係も非常に重視します。このような態度では、それだけで入居を断られることになります。見学にあたっては、聞きたいことを聞けば良いのですが、入居者の生活に対しては十分に配慮することが必要です。

他の入居者が生活している家を見学させてもらっているのですから、「お邪魔しております」という気持ちを持って、静かに見学しましょう。

4 重要事項説明書を読む

▼重要事項説明書は高齢者住宅選びに不可欠な書類

▼高齢者住宅選びには、重要事項説明書のチェックが不可欠

高齢者住宅のパンフレットは、内容に限界があることや、「安心・快適」といったイメージ優先で作成されるため、高齢者住宅を比較、検討する上では、ほとんど役には立ちません。

高齢者住宅選びに、最も重要な書類は重要事項説明書です。

これは、その名の通り、サービス内容・価格等の重要事項が記されたものです。項目・様式が統一されているため、複数の事業者のサービス内容、価格帯などを横断的に比較することが可能となります。

第五章で、高齢者住宅の比較・チェックポイントを挙げましたが、その多くは、この重要事項説明書を見ればわかります。ここでは、有料老人ホームの重要事項説明書を例に、その内容と重点ポイントについて整理します。

①重要事項説明書の開示状況・策定日・策定者

まずは、内容ではなく、重要事項説明書の質、つまり、どれほど真剣にこの重要書類を策定しているのか、情報開示に対する認識のチェックです。

重要事項説明書は、価格やサービス内容を正確に知るために不可欠な書類です。しかし、見学前に送ってほしいといっても、「見学時、訪問者にしか渡さない」と言われる事業者もあります。ひどいところは、契約時にしか渡さないというところもあるようです。

高齢者住宅は、サービス内容や価格設定がわかりにくく、特殊なことから、「説明と内容が違う」というトラブルが頻発しています。そのため事業者は積極的に情報を開示することが求められています。最低限の情報をオープンにできないということは、コンプライアンスとして問題なだけ

事業主体・施設概要

事業主体の名称、所在地、連絡先、代表者名、設立年月日、他に運営中の介護サービス事業施設名称、施設所在地、施設連絡先、開設年月日、管理者氏名、交通手段、ホーム類型

従業者に関する事項

従業者の人数及び勤務形態、常勤換算人数、介護職員が有している資格、

介護サービスの経験年数、夜勤時の介護看護職員数、一年間の採用者・退職者数

サービスに関する事項

施設運営方針、介護保険の加算体制、サービス概要、協力医療機関の概要

要介護時の住み替えの有無、入居時の要件(自立・要介護など)、契約解除要件、体験入居

入居者の状況

現入居者の要介護度別数・年齢別数・男女別数・平均年齢

入居率、前年度要介護度別退居者数、退居後の生活場所、入居期間

施設設備等の状況

建物の構造(耐火建築・耐震建築等)、居室数、居室面積、共用トイレ数(男女別・車いす対応)

浴室・浴槽整備内容、その他共用設備内容、バリアフリー対応の有無、

居室内の整備(緊急コール、テレビ回線、外線電話)

敷地面積、敷地所有の有無、抵当権設定の有無、賃借(借地)契約の概要、

建物の述床面積、建物所有の有無、抵当権設定の有無、賃借(借家)契約の概要

苦情対応窓口

苦情対応窓口の名称、連絡先、対応時間

損害賠償責任保険の加入の有無、介護事故発生時の対応概要、保険の加入の有無

サービスに対するアンケート等の実施状況、第三者評価の実施状況

一時金に関する事項

一時金の名称、一時金の内容、一時金償却方法、初期償却率(額)、償却年月数

解約時返還金の算定方法、一時金保全措置の有無、一時金保全方法、

90日以内の短期契約解除の特例の有無など、その他規制への対応

月額利用料

月額利用料の内容、月額利用金額、個別選択の利用料、月額費用以外に必要な費用

月額利用料の改定方法

その他

有料老人ホームの届け出、設置運営指導指針への不適合事項

図表　有料老人ホーム　重要事項説明書　内容

でなく、事業者の最低限のノウハウも誠意もないということです。

逆に、契約書や重要事項説明書が誰でも閲覧、入手できるようにインターネットのホームページなどで開示しているところもあります。情報開示に対する意識は、事業者の経営ノウハウや経営体質を見ることのできる重要なポイントです。

いつ作られたか、誰が作っているのかも重要です。

重要事項説明書は、入居検討の資料ですから、最新のデータが示されていなければなりません。そのために、変更があった時は随時、少なくとも半年に一度は見直されなければなりません。

また、契約補助書類のひとつですから、その策定者は経営者、もしくは各施設の管理者（施設長）の責任で作られるものです。しかし、中には、策定日が二年前のままだったり、策定者（記入者）がもう退職していないというケースもあるようです。

「何を記入すべきか」という項目・様式は統一されています。

しかし、入居者・家族にわかりやすいように丁寧に書かれているところもあれば、どこかの文言から引用したような、いい加減にかかれているところもあります。複数の事業者の重要事項説明書を比較すれば、それは一目瞭然です。

この重要事項説明書を真剣に策定していない事業者は、しっかりとサービス内容や価格を伝える気がないということです。

施設の名称、所在地及び電話番号その他の連絡先		
施設の名称		有料老人ホーム　快適ホーム
施設の所在地 施設の連絡先		〒●●●―●●●●　東京都○○区　○○○○ 電話番号　03-○○○-○○○○ ホームページ　http://www.kaiteki……
施設の開設年月日		2005年 4月 1日
施設の管理者の職名及び氏名	職名	施設長
	氏名	安心　太朗
施設の類型及び表示事項		類型　・・・・介護付有料老人ホーム（一般型） 居住の権利形態　・・・・利用権方式 利用料支払方式　・・・・一時金方式 入居時要件　・・・・入居時要介護・要支援 介護保険　・・・・東京都指定介護保険特定施設 専用居室区分　・・・・全室個室 介護職員体制　・・・・【2：1】以上
指定年月日		2005年 4月 1日

図表　施設概要　記入例（一部抜粋）

②事業主体・施設概要

事業主体は、どのような事業者がその経営を行っているのか、その事業者が、同一地域でどのような介護サービスを提供しているのかが書かれています。

施設概要は、居住の権利形態（借家権・利用権）、入居時の要件（自立・要介護）、利用料の支払う方式（月額支払方式・入居一時金方式）の他、介護付有料老人ホームの場合は、【三：一配置】【二：一配置】など、介護看護職員の配置の概要がわかるようになっています。

その他、当該有料老人ホームが特定施設入居者生活介護の指定を受けている場合は、その指定年月日や更新年月日などが記入されています。

③従業者に関する事項

従業者に関する事項も、全体の人数だけでなく、常勤・非常勤、有資格者数、採用・退職数、経験年数など、非常に細かく記入されています。

常勤とは正規の時間（週四〇時間など）働いている従業者、非常勤は、それに満たない短時間のパートの従業者を示します。非常勤の従業者は、その人数だけでなく、常勤換算でも記入されています。常勤の正規の労働時間が一日八時間の事業所で、四時間のパート職員が三名いる場合は、常勤換算人数で一・五となります。

また、専従というのは、その業務のみを行っている人数で、非専従は、他の職種と兼務している人数を示します。例えば、介護付有料老人ホームの一人の看護師が、労働時間内の半分を看護職員、もう半分を機能訓練指導員で兼務している場合、その時間に合わせて、看護職員〇・五人、機能訓練指導員〇・五と記しています。

介護付有料老人ホームの場合は、【三：一配置】【二：一配置】などと介護看護スタッフの配置が法律、契約で定められていますが、これを下回っていないことが絶対条件です。

スタッフの役割と数もチェック

ここで注意したいのは、施設長（管理者）の兼務です。

管理業務というのは、決まった仕事ではありません。しかし、サービスが適正に遂行されているか見回り、家族や入居者の話を聞くなど、全体の管理者、調整役として非常に重要なものです。この施設長が介護職員、相談職員などとの兼務になると、日々の業務に追われ、管理業務が適切に行えません。事故やトラブルの発生時にも、迅速に対応することができません。

職種別の従業者の人数及びその勤務形態						
有料老人ホームの人数及びその勤務形態						
実人数	常勤		非常勤		合計	常勤換算人数
	専従	非専従	専従	非専従		
看護職員	3人	1名	2人	0名	6名	4.3人
介護職員	20人	0名	10人	0名	30名	26.3人
1週間のうち、常勤の従業者が勤務すべき時間数						40時間
夜勤を行う看護職員及び介護職員の人数	最少時の人数(宿直の従事者を除いた人数)					2名
	平均時の人数					3名

管理者の他の職務との兼務の有無		(あり)	なし
管理者が有している当該業務に係る資格等	なし	(あり)	資格等の名称　看護師

従業者の当該介護サービスに係る業務に従事した経験年数等						
	看護職員		介護職員		生活相談員	
	常勤	非常勤	常勤	非常勤	常勤	非常勤
前年度1年間の採用者数	1名	1名	3名	1名	0名	0名
前年度1年間の退職者数	1名	0名	2名	3名	0名	0名

図表　従業者に関する事項　記入例（一部抜粋）

施設の種別や規模にもよりますが、五〇名以上の入居者、スタッフを擁する介護付有料老人ホームなどでは、施設長（管理者）は、常勤、専従であること、また、介護福祉士や社会福祉士などの有資格者であることが望ましいと言えます。

生活相談員やケアマネジャーも兼務可となっていますが、これも専任が望ましい職種です。

夜勤者の数にも注目しましょう。夜勤者が最少時一名というところがありますが、一名では、入居者の体調の急変や転倒事故など、夜間に緊急事態が発生した時に、対応できません。

その他、全体の有資格者の割合や、常勤スタッフの割合は低くないか、離職者が多くないかといった点も大切なチェックポイントです。

入居者の状況						
入居者の人数(報告に関する計画の基準日の前月末日)						
	要介護1	要介護2	要介護3	要介護4	要介護5	合計
65歳未満						
65歳～75歳	8名	10名				18名
75歳～85歳	6名	7名	4名	3名		20名
85歳以上	2名	4名	3名	2名	2名	13名
入居者の男女別人数	男性	12名		女性	39名	
入居率(一時的に不在となっている者を含む)					85%	
前年度に退去した者の人数						
	要介護1	要介護2	要介護3	要介護4	要介護5	合計
自宅等	1名					1名
社会福祉施設						
医療機関	1名	1名				2名
死亡者			1名		1名	2名
その他	1名					1名

図表　入居者・退居者に関する事項（一部抜粋）

④サービス内容に関する事項

　ここには、介護付有料老人ホームの加算体制や、入居時の要件（自立、要介護など）、協力病院の概要の他、施設からの契約解除（退居要件）、入居者からの契約解除の方法、また体験入居などについて書かれています。

ただし、第五章でも述べたように、退居要件（事業者からの契約解除）については、一つひとつ個別のケースや事例を挙げて、細かく示してあるわけではありません。個別にどのようなケースを想定しているのか、これまでどのような事例があったのか、確認しましょう。

⑤入居者・退居者に関する事項

入居者、退居者数も重要なチェックポイントです。現在の入居者の数が、年齢、要介護度、男女別に記入されています。

　高齢者住宅は、基本的に個室ですが、食事など共同生活という側面もあります。重度要介護高齢者ばかりのところに、要支援・軽度要介護の高齢者が入居しても、話ができませんし、レクレーションも楽しくありません。

その他、ここには入居率や入居期間、前年度の退居者数や退居後の生活場所なども書かれています。経営の安定を示す入居率の他、退居者に「自宅」「医療機関」など「死亡」以外がある場合は、そのケースについて質問するとよいでしょう。

⑥施設・設備等の状況

施設、設備の状況についても細かく記載されています。

ここで、特にチェックが必要なのは、防災関係です。建物は、耐火建築、耐震建築になっているのか、緊急通報装置やスプリンクラーは設置されているのか、エレベーターや階段以外の非常時の避難経路など、防災の観点から、その建物設備についてチェックし、見学時に、再度確認しましょう。

ただし、バリアフリーの状況や使いやすさについては、書類だけではわかりませんので、実際に見学や体験入居をして、しっかり確認することが必要です。

⑦苦情等の窓口の設置

苦情の対応窓口のチェックも重要です。

高齢者住宅の特性を考えると、スタッフの態度やサービスに言いたいことがあっても、その場で咎めたり、直接、苦情を言うのは容易ではありません。

そのため、有料老人ホームでは苦情や意見を言える窓口を設置しています。多くは管理者の直通電話や行政の担当課が記されているだけですが、それに加え、福祉系の大学教授や第三者評価機関など外部の機関へ苦情や相談できるところもあります。「匿名でも受け付ける」などこの苦情相談窓口を、入居者や家族の視点から、相談しやすいように手厚く設置しているところは、サービスに自信がある優良な事業者だと言えるでしょう。

また、第三者評価機関からの評価や、入居者・家族へのアンケートの実施状況についても記入されています。評価やアンケート内容についても、ホームページで公開しているところもあります。苦情受付を含め、入居者や家族の話を丁寧に、真摯に聞くという体制ができているのか、その情報を開示しているのかは、事業者の資質を見る上でも、重要なポイントです。

⑧入居一時金・月額利用料

入居一時金や月額利用料についても、細かく記入されています。その概要を確認するとともに、入居一時金の保全方法や初期償却の金額、その性格(権利金、保証金など)についてチェックします。

入居一時金や居室の利用料については、部屋や年齢によって金額が違うところもあります。月額費用の見積りや入居一時金の返還額の計算がわからない場合は、見学時に、その旨を伝え、「生活費概算見積表」「入居一時金計算書」などを出してもらえないか、聞いてみましょう。

⑨有料老人ホームの届け出

有料老人ホームの届け出状況についても確認が必要です。

第一章で述べたように、有料老人ホームと言っても、最初から「有料老人ホーム設置運営標準指導指針」という基準に基づいて計画、建設、運営されているものと、制度変更によって、それまでの未届け施設、無届施設が届け出を行ったものがあります。

後者は、指導指針に合致していませんから、ここで、「どの点が合致していないか」を記入することになっています。

第七章 入居準備と契約

事前のチェックや見学を重ねて、希望する高齢者住宅を見つけることができれば、いよいよ契約・入居準備です。高齢者住宅への入居は、ゴールではなく新しい生活のスタートです。この入居準備から入居後の三ヵ月は、新しい生活に移行するための重要な期間です。

ここでは、契約その他事務的な準備、引越しの準備、心の準備など、入居にあたって必要なポイントについて解説します。

1　体験入居を申し込む

▼ケアマネジメント・食事など、サービスを受けないとわからない
▼入居者、家族の心の準備のためにも体験入居はとても重要

気に入った高齢者住宅が見つかれば、いよいよ入居へ向けての準備です。

実際のサービスを確認してもらうために、有料老人ホームをはじめ多くの高齢者住宅では体験入居を実施しています。どの程度の期間、体験できるかは、その事業者によって違います。ただ、一週間程度でも実際に高齢者住宅での生活が体験できれば、サービス内容だけでなく、入居後の生活のイメージが確認できます。体験入居を行って、気に入ればそのまま入居契約という方法もあります。

体験入居は、入居者がその生活に適応ができるかを、本人が確かめるということが基本です。ただ、要介護高齢者の場合、本人だけでは十分にチェックすることはできません。期間中は家族も高齢者住宅に何度も訪れ、一緒に確認することが必要です。

体験入居のポイントを挙げます。

①食事やサービスを確認する

要介護高齢者の場合、基本的に一日三食とも、高齢者住宅から出された食事を食べることになります。食事が美味しくないと、生活の楽しみは半減してしまいます。食事内容や味付けが本人の口に合うか、ご飯のやわらかさ等、本人の好みや嚥下機能に合わせてもらえるのかも、重要なポイントです。治療食や介護食が必要な場合は、その内容について確認します。

また、見学時と同じように、スタッフの態度や言葉づかい等、事業所の全体の雰囲気を確認します。家族が訪問する時間帯を午前中、午後、夕方、夕食後など変えれば、その高齢者住宅での一日の生活の流れ、雰囲気がわかります。体験入居者だけでなく、他の入居者も合わせて、毎日同じ服を着ていないか、下着などの洗濯はされているか等、実際に行われているサービスの質をしっかりチェックしましょう。

②部屋に閉じこもらない

せっかくの体験入居です。居室に閉じこもらずに、できるだけリビングや食堂に出て、他の入居者と話をしたり、行われているレクレーションやイベントなどにも積極的に参加しましょう。無理に話し掛けようと気負わなくても、リビングで本やTVを見ているだけで、スタッフから話し掛けてくれます。また、実際に生活している入居者からは、高齢者住宅での生活について話を聞くことができます。

③建物・設備を確認する

建物設備関係の確認も重要です。

電気のスイッチの位置や高さ、手すりの向きや高さなど、居室内の設備は入居者の生活レベルに合っているか、チェックしましょう。また、手すりの高さや位置などが合わない場合は、変更してもらえるのか、別途費用はかかるのかも、合わせて確認しましょう。その他、高齢者住宅内をできるだけ廻って、エレベーターの使いやすさや、リビングまでの距離など、ホーム内の設備や備品も実際に触って確かめましょう。

④ケアプランを確認する

介護サービスが必要な場合は、短期間であっても、入居者に対する簡単なケアプラン（介護計画）と、そのプランに対する実績表（実際にどのような介護を行ったか）が作成されます。これを見ると、体験入居者に対してどのような視点で、どのような目的をもって介護サービスが提供されるのかがわかります。

入居者の生活レベルや希望に合わせて計画されているか、その計画に合わせて実際に介護サービスが提供されているのかをチェックします。ケアマネジメントや介護サービスは、高齢者住宅の生活の基礎となるものですから、しっかり確認しましょう。

⑤疑問は全て解決する

体験入居の最後にアンケートや面談の時間が取られます。細かなことでもメモにとっておき、見学や体験入居の際に感じた疑問や、問題点、不満な点は、すべて高齢者住宅の担当者に伝えましょう。また、体験入居の初めの段階で気が付いたことは、その場で伝え、それがどのように改善されるのかをチェックしても良いでしょう。疑問を持ったまま入居すると後で必ず後悔することになります。気がついたことは全て伝えることが大切です。

高齢者住宅への入居は、他の入居者と上手くやっていけるか、トラブルに巻き込まれるのではないかなど、入居者、家族ともに多くの不安が付きまといます。

体験入居は、その不安を和らげる良い機会となります。

「家族が言うので仕方なく体験入居だけ……」のつもりが、実際に体験すると「イメージと違ってとても気に入った」という人も多いようです。体験入居は、サービスの最終確認というだけでなく、入居者の決断のためにも、家族の不安解消のためにも重要な経験です。事業者任せにせず、ご家族がしっかりサポートすることが必要です。

また、これまでは、「体験入居は全額自費」というのが基本でしたが、介護保険制度の改定によって、介護付有料老人ホームの空き部屋の一部を、ショートステイとして利用できることになりました。費用負担が大きく軽減されますから、担当者に確認してみると良いでしょう。

サ高住の場合は、体験入居を行っていないところが多いようです。しかし、「制度が違うから体験できない」というのは変な話です。一ヵ月などの短期間の契約が可能か、体験的に入居契約することができるかどうか、相談してみましょう。

その他、体験入居にあたっては、健康診断書の提出を求めるところもあります。事前に各高齢者住宅にご確認ください。

2 心の整理・連携確認

▼本人の意志に反して入居させると不幸な結果に
▼高齢者住宅に入居しても、家族にしかできないこともある

高齢者住宅の見学や体験入居が終わると、いよいよ入居契約です。

ただ、その前にもう一度、確認しておきたいことがあります。それは、本人の意志確認と、家族の連携、役割の確認です。

①本人の心の整理

高齢者住宅では、入居者が安心して快適に暮らせるように生活環境を整え、優良なサービスが提供されるように努力をしています。しかし、そうであっても本人の意志に反して、嘘をついたり、無理やり高齢者住宅に入居させると、豊かな生活をおくることはできません。

高齢者住宅で、生活を満喫するには、本人が納得して入居を決めることが不可欠です。そして、そのサポート、心の準備は家族にしかできません。

高齢者住宅を探している時には、「高齢者住宅も良いねぇ」と言っていたのに、直前になって不安から入居を拒否するという人も少なくありません。中には、「家族に申し訳ないから」と不安を言いだせずに、体調を崩し、病気になってしまう人もいます。

家族の心配をよそに、「まだ一人で大丈夫」と本人がどうしても納得しないのであれば、ゆっくりと考える時間を置くことも必要です。感情的になりやすい問題ですが、「勝手にすればいい」「もう知らない」と対立してしまえば、これまでやってきたことがすべて水の泡になります。

認知症の周辺症状や、切迫した状況でない限り、性急に事を運ばず、「家族は、あなたのことを真剣に考えている」「家族はいつもそばにいる」ということを、じっくり伝えることが必要です。

②家族の心の整理

この心の整理は、高齢者住宅を探している家族にとっても大切な作業です。

高齢者住宅は、新婚家庭が新居を探しているのとは違い、「うきうき、ワクワク」と楽しそうに探している人はほとんどいません。家族向けの高齢者住宅のセミナーでも、「もう少し、家で介護できるのではないか」と、心残りや申し訳なさを口にされる方も少なくありません。

それは、高齢者住宅や老人ホームに対する心理的、社会的なイメージにも関係しています。昔は、「姥捨て山」のようなイメージで語る人もいました。今でも、高齢者住宅、老人ホームと言えば、「終の棲家」「もう家には帰れない」と深く思い詰める人は少なくありません。

しかし、それほど大げさにとらえる必要もありません。客観的に見れば、日々の介護や生活上の支援は高齢者住宅で受けるというだけです。距離は別にして、「田舎に住んでいた親が心配で、近くのアパートに呼び寄せる」「同居できないので、近くにマンションを借りる」というイメージと同じです。

ただそこに、介護や食事などのサービスが付いているというだけです。

実際、自宅の近くの高齢者住宅に入居して、家族も頻繁に訪問し、お正月、お盆などの休みには自宅に戻るという人もいます。仕事場と自宅の中間点にある高齢者住宅に入居して、ほとんど毎日、顔を見に行くという人もいます。「仕事帰りに毎日コーヒーを飲みに寄るのが日課」「母親が老人ホームに入ってから、兄弟間（子供間）での交流も増えた」という声も少なくありません。

「できるだけ家で介護したい」という気持ちはよくわかります。

しかし、高齢者住宅や老人ホームに入居したからといって、家族の役割や責任を放棄するというものではありません。高齢者住宅のサービスやスタッフがどれだけ優秀であっても、スタッフが家族の代わりをすることはできません。一緒に住んで、オムツ交換や入浴介助をしなくても、家族の責任・役割は変わらないのです。

教育や医療と同じで、介護を含めた日々の生活支援は専門家に任せた方が、ずっとうまく行く、いつまでも仲良しの家族、親子でいられるというケースが大半なのです。

③家族間の連携・役割確認

そのためにも、入居前には、入居後の家族間、それぞれの子供の役割や連携などについても、もう一度確認する必要があります。高齢者住宅に入居することになっても、金銭的な問題、行政手続き、契約手続きなど、家族にしか対応できないことも多くあります。特に、要介護状態が重くなり、本人が判断できなくなると、些細なことでも事業者は家族に相談、確認します。

事業者の立場で、最も困るのは、家族や子供間で、それぞれに意見が違うということです。

高齢者住宅は、「身元保証人との連携・連絡」を基本に考えます。ケアプランにおける事故予防対策や日々の連絡方法について、説明、合意していたはずなのに、他の子供から違う意見、希望を言われると、事業者も混乱します。言いたいことを言えば良いのですが、家族側の窓口も一本化していただけるとありがたいというのが、事業者側の本音です。

また、金銭的な問題については、家族の間でトラブルになりやすいものです。

年金や本人の預貯金内で支払えるのであれば問題ありませんが、月額の支払いが不足する場合は誰が負担するのか、年金の口座や定期預金などの資産は誰が管理するのかなど、事前に家族の間で、話し合っておきましょう。

その他、高齢者住宅への訪問や、外出しての食事、お正月やお盆などの外泊などについても、ある程度、決めておくことをお勧めします。入居前には、「時間のあるときに、できるだけ顔を見にこよう」と話をしていても、家族ごとにそれぞれ事情や生活があります。「気が付くと三ヵ月間、誰も訪問していない」ということにもなりかねません。どんなに高齢者住宅での生活が快適なものであっても、家族の訪問は、入居者にとって嬉しいものです。社会との関わりという面でも、とても重要です。

しかし、残念ながら、家族間、子供間での連携が、上手く行っているケースばかりではありません。両親の介護の問題や金銭的な問題で、子供の間で感情的な対立から絶縁状態になっているというケースもあります。

高齢者住宅事業者が、家族の問題やトラブルに直接立ち入ることはありません。ただ、大きなトラブルを回避するためにも、入居者の生活に直接関わるような問題については、入居するにあたって内情を話し、理解を得ておいた方が良いでしょう。

3 契約・引っ越し準備

▼契約や引っ越し準備、行政手続きは、思ったよりも大変
▼持っていくものは、入居者本人の気持ちを大切に

いよいよ、高齢者住宅との契約、入居の準備を始めます。

ここでは、契約して入居が決まってから、準備しなければならないこと、考えなければならないことについて、項目を分けて解説します。

①契約

高齢者住宅との契約には、入居者の署名以外に、基本的に二名程度の保証人が必要です。

保証人は、入居者の支払債務に連帯して責任を負い、退居する場合は、本人の備品などの引受人としての義務を負います。高級な有料老人ホームの中には、一定の資産や収入を得ている人という条件がついているところもあります。

また、日々の連絡や連携なども、この身元保証人を中心に行います。その役割は大きなものですから、事前に契約書類を熟読すると共に、事業者からの説明、契約には必ず立会い、その内容

を十分に確認して、署名してください。

医師の健康診断書など入居までに提出しなければならない書類もあります。

入居一時金の支払方法、月額費用の請求書発行や支払方法、外出時や外泊時の連絡方法など、入居後の事務手続などについて、事業者から説明がありますから、合わせてしっかりと確認してください。

②入居日の決定

入居日の調整も重要です。

家族の予定だけでなく、現在病院や老人保健施設に入院・入所中の場合は、その退院・退所の調整も行わなければなりません。本人が納得し、希望した入居でも、当日は不安なものです。家族もできるだけ予定を合わせて、サポートすることが必要です。

土曜日や日曜日など休みの日が良いと考える人も多いのですが、それでは、③で述べる行政や銀行などの手続きができない可能性があります。入居日に何をしなければならないのか、どの程度の時間がかかるのか高齢者住宅から説明を受け、必要なことを理解して、入居日を決めましょう。

③行政等の手続き

行政等の手続きで考えなければならないものとして「住民票の変更手続き・年金の手続き・健

康保険・介護保険の手続き」等があります。介護保険の保険者は市町村ですから、特に市町村を超えて介護付有料老人ホーム等に入居する場合は注意が必要です。

また、月額費用の支払方法は一般的には口座引落です。金融機関で新しい口座を作ったり、年金の受取口座の変更が必要になるかもしれません。高齢者住宅の事業者が、引き落としの金融機関や支店を指定するところもあります。それぞれに担当が違いますので、行政の手続きには、時間がかかります。余裕をもって対応することが必要です。

④引っ越しの準備

高齢者住宅の引っ越しにあたって、予想以上に大変な作業は「何を持っていくか」を決めることです。居室のスペースは限られていますので、これまでの生活用具をそのまま全て持っていくことはできません。入居者や家族の話を聞くと、その整理や選択をするのに、苦労するという声もよく聞かれます。

最低限必要なものについては、高齢者住宅から指示があります。実際に持っていくものは着替えなどの生活必需品が中心になりますが、生活小物はできるだけこれまでの生活で使い慣れたものを持っていくことをお勧めします。

中には、古くて格好が悪いと箪笥やベッドなどを新しく買い換える人もいますが、それはお勧めできません。自宅で使っていたものにはたくさんの思い出が刻まれていますし、使い慣れたもの以上に使いやすいものはありません。持っていく物の選定にあたっては、本人の意思をできるだけ尊重してください。

また、自宅を取り壊す、賃貸マンションの契約を解除する、家族が遠方に住んでいてなかなか訪問できないといったケースでない限り、入居時に引っ越しを完了させなければならないというものでもありません。あれもこれもと、最初から詰め込みすぎると、狭いスペースに使わないものが増えてしまいます。

「あれが欲しいわね……」「今度来るときに、あの小物を持ってきて……」と、時間をかけて、少しずつ整えていけばよいのです。

4 入居後の家族の役割

▼生活に慣れるまでの三ヵ月間は特に重要

▼事業者との信頼関係を作り、不安定な入居者のサポートを

高齢者住宅への入居は新しい生活へのスタートであって、ゴールではありません。最後に、入

居後の、家族の高齢者住宅とのかかわり方のポイントについて解説します。

①最初の三ヵ月が重要

高齢者住宅での生活は、これまでの生活と大きく変わります。初めて出会う他の入居者との人間関係など、気を使うことも多く、本人が自覚していなくても、ストレスから食欲不振になったり、体調を崩してしまう人もいます。入居当初は、事業者サイドでも注意して、なるべく早く生活に慣れるように配慮していますが、家族も、本人が新しい生活に慣れるまで、できるだけ訪問し、外出して一緒に食事をしたりするなどの精神的なサポートが必要です。

「家族がいつも心配してくれる」「家族がいつもそばにいてくれる」という気持ちが、入居者を安心させ、高齢者住宅での新しい生活を支えるのです。

「何かほしいものはない？」「困っていることはない？」「お友達はできた？」と、できるだけ訪問して、声をかけましょう。最初の頃は、不安を口にされるかもしれませんが、生活にリズムができ、新しい友人や生きがいが見つかれば、ホームでの生活が安定してきます。早く新しい生活に慣れるには、特に、最初の三ヵ月が重要です。

②高齢者住宅との連携

入居後は、高齢者住宅のスタッフと信頼関係を築いていくことが必要です。

それは、事業者に全て任せきりにするということではありません。特に介護看護サービスが必要な場合は、その入居者のケアプラン（介護サービス計画）を策定し、それに従って介護が進められることになります。そのプラン策定や変更については、家族の意見や希望を積極的に述べることが必要です。

また、訪問時には、スタッフに本人の現在の状況や変化を確認したり、しばらく訪問できていない場合は、電話で状況を確認することも大切です。基本的には状況に大きな変化があれば、事業者側から連絡が入りますが、友好な関係を築くためにも、普段から積極的に連携をとっておくことが必要です。

③クレームになる前に希望を言おう

もう一つ、重要になるのは意見、苦情の言い方です。

どんなに細心の注意を払って高齢者住宅を選んでも、また、働いているスタッフを信頼していても、生活を続けていく上で、必ず問題や疑問点はでてきます。家族の中には、「一生懸命やってくれているのに文句を言えば悪い」「本人が後で嫌な思いをするのではないか」と躊躇され、胸にしまい込んでしまう人が多いようです。しかし、高齢者住宅は、集団生活で一律のサービスを全入居者に提供している訳ではありません。それぞれ希望や歴史の違う個人の生活をサポートしているのですから、疑問や問題点は出てきて当然なのです。

例えば「居室の掃除が行き届いていないのでは？」と感じたとしましょう。入居者によっては、キチンと隅々まで掃除してほしい人と、あまり細かいところまでふれて欲しくない人、また、勝手に触られるのを嫌う人がいます。そこまで契約や入居時に決めることはできませんし、どうして欲しいかは、その時の状況や気分によっても変わってきます。

好みや考え方は人によって違います。「居室の掃除」一つをとっても、その入居者に最適のサービスを提供するには、小さなことでも本人や家族から意見を言ってもらえないとわからないのです。良いサービス、良い高齢者住宅を作っていくためには、入居者、家族の意見が大切です。

感情的なクレームになる前に、ケアカンファレンスや個人面談などの機会をとらえ、しっかりと希望や意見を伝えましょう。

中には、対応できないものもあるかもしれませんが、家族と事業者が連携して、より本人が暮らしやすい生活環境を作っていくという視点が必要なのです。

おわりに

私は、高齢者住宅の経営コンサルタントをしています。

たくさんの高齢者住宅を見てきましたから、パンフレットを見るだけで経営が安定しているか判断できますし、その高齢者住宅を一回りするだけで、そのサービスレベル、サービス管理レベルがわかります。

多くの方から、「良い高齢者住宅を教えてほしい」「この老人ホームはどうだろうか」という相談をいただくのですが、私は直接、個々の事業者を評価・紹介することは行っていません。それは、高齢者住宅選びの過程にこそ、事業者との信頼関係、家族間での絆が生まれると考えているからです。

介護サービスが社会化され利用しやすくなっても、高齢者住宅というサービスは、新しいマンションや車を買うように、積極的に楽しい気分だけで探すわけではありません。「老人ホームの方が快適で気楽」という意見は増えていますが、それでも入居者本人には不安があり、家族にも心残りはあるはずです。

有料老人ホーム選びは、ほとんどの家族にとって初めての経験ですから、「よくわからない」というところから始まります。その中で、入居者本人の希望や不安をしっかり見つめ、そして、いくつもの高齢者住宅を廻ってスタッフと話し、それぞれの悩みや不安を相談する中で、「この事業者なら安心できる」という信頼関係が生まれてくるのです。

「どうすれば入居者に喜んでもらえるだろう」「どうすれば家族に安心してもらえるだろう」と、一生懸命にサービス向上に取り組んでいる高齢者住宅はたくさんあります。「介護は福祉」という時代は終わりました。しかし、時代が変わり、制度が変化しても、人が人に行う介護サービスの基本はホスピタリティだということは変わりません。

また、一緒に生活をしなくても、家族の役割やその絆は変わりません。入居者本人と家族が、一緒にこれからの理想の生活を探すということは、良い有料老人ホームを選ぶというだけではなく、その後のホームでの生活にとっても非常に重要なことなのです。


本書は、「高齢者住宅を探している家族のための基礎講座」です。

当初は、巻末にチェックリストを策定しようかと考えていたのですが、執筆の中で、「チェックリストに頼る高齢者住宅選びは危険だ」と感じるようになりました。それは、家族によってチェックのポイントは違うこと、そして、チェックリスト頼みになると、何故それが重要なのかがわからなくなってしまうからです。

ここまで、お読みいただいて、自分で付箋をつけられたり、赤線を引かれたところがあるかもしれません。ただ、できれば最初からもう一度お読みください。そして、「ここは必要だな」「ここは気をつけなきゃ」「これは絶対聞かなきゃいけない」というポイントを書き出してみてください。

それが、あなたにとって最適のチェックリストです。

考えながら、家族のことを思い浮かべながら、そのリスクを書き出すだけで、高齢者住宅選びの知識や能力が、大きく向上するはずです。

この本が入居される本人、そして、家族にとって、豊かで新しい生活の第一歩となることを、心から祈っています。

二〇一五年一一月

濱田　孝一

濱田孝一（はまだ・こういち）
1967年生まれ。経営コンサルタント。
1990年立命館大学経済学部卒業、旧第一勧業銀行入社。その後、介護スタッフ、社会福祉法人マネジャーを経て、2002年㈱ウイルステージ設立、現在同社顧問。社会福祉士、介護支援専門員、宅地建物取引主任者、ファイナンシャルプランナー。

家族のための高齢者住宅・老人ホーム基礎講座——失敗しない選び方

2015年11月25日　初版第1刷発行

著者 ——— 濱田孝一
発行者 —— 平田　勝
発行 ——— 花伝社
発売 ——— 共栄書房
〒101-0065　東京都千代田区西神田2-5-11出版輸送ビル2F
電話　03-3263-3813
FAX　03-3239-8272
E-mail　kadensha@muf.biglobe.ne.jp
URL　http://kadensha.net
振替 ———00140-6-59661
装幀 ——— 生沼伸子
装画 ——— 平田真咲
印刷・製本 －中央精版印刷株式会社

ISBN978-4-7634-0760-3 C0036

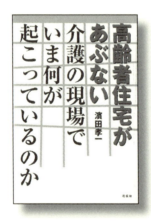